# Pyongyang 1071

Collection Démarches

Carte : Maud Lecarpentier


Les éditions Paulsen sont une société
du groupe Paulsen Media.
www.editionspaulsen.com

JACKY SCHWARTZMANN

# Pyongyang 1071

Paulsen

« Le lien entre le marathon et le régime nord-coréen est limpide : l'endurance. »

Cédric Fabre

Pour toi, ma femme,
sans qui rien n'aurait été possible.
Je n'arrive toujours pas à croire
que tu aies validé un truc pareil.
Ah tiens, paraît qu'il y a
un marathon à Medellin…

À la mémoire de Richard Chambers,
le plus français de tous les Américains…

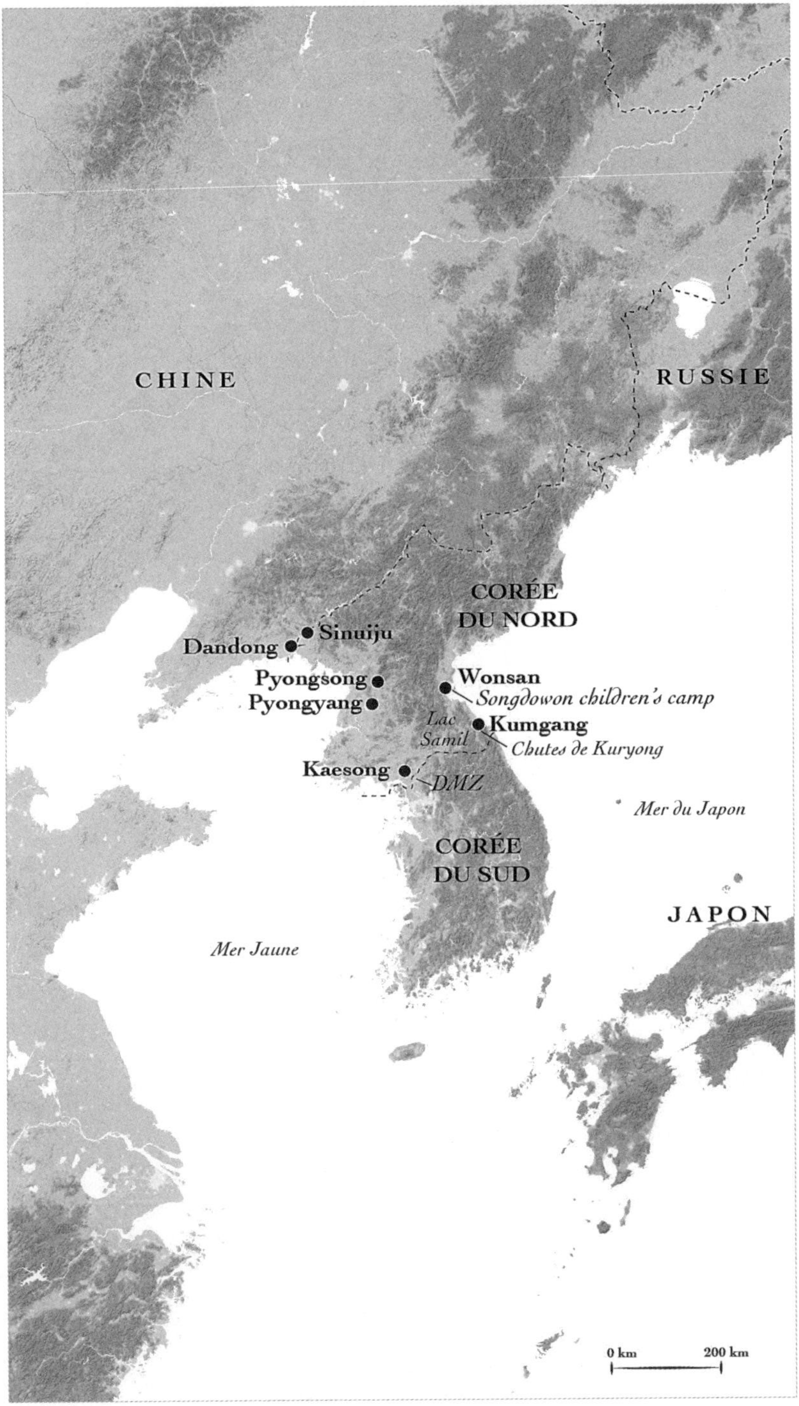
CHINE
RUSSIE
CORÉE
DU NORD
Sinuiju
Dandong
Pyongsong
Pyongyang
Wonsan
Songdowon children's camp
Lac
Samil
Kumgang
Chutes de Kuryong
Kaesong
DMZ
Mer du Japon
CORÉE
DU SUD
JAPON
Mer Jaune
0 km
200 km

## 1

## Chaussée glissante

J'ai décidé d'aller à Pyongyang lors d'une soirée créole. Certains soirs, la vie prend une tournure étrange, vous passez sur une plaque de verglas existentielle et elle vous embarque, personne ne sait où. Glissade invisible. C'est cette femme que vous n'aviez jamais vue auparavant qui traverse la salle d'un bar et qui, vous le savez, sera votre épouse. C'est ce boulot un peu dément que vous découvrez par hasard et dont vous vous dites « C'est ça que je veux faire ». Vous connaissez parfaitement ces instants où vous avez tranché dans le vif, pris des décisions importantes, bonnes ou mauvaises. Les lignes claires de votre vie explosent et vous recollez les couleurs à la hâte, comme vous pouvez, c'est le darwinisme de l'intime. Vous venez de changer, là, tout de suite. Moi, c'était lors d'une soirée créole.

Une graine de nénuphar spongieux et trapu a été plantée dans mon cerveau ce soir-là : un nénuphar qui a grossi à une vitesse exponentielle pour prendre une place démesurée. Pyongyang. Corée du Nord. Une obsession. La tumeur maligne de la volonté, le cancer foudroyant de l'ambition. C'est simple, la coupe de cheveux du dernier rejeton des Kim s'est mise à pousser à l'intérieur de mon crâne.

Je suis tout sauf un baroudeur. Je n'ai jamais pu voyager comme je l'aurais souhaité. Je suis aussi un hypercitadin, à l'aise dans un réseau de métro, perdu dans un bled. Pourtant, je veux y aller. J'ai un boulot alimentaire qui me prend plus de trente-cinq heures par semaine, je passe le peu de temps qui me reste à écrire, et pourtant je veux y aller. Pourquoi ? Si vous aviez la possibilité de voir de l'intérieur une dictature communiste postsoviétique, la dernière des dernières, affublée de surcroît d'un folklore kitch et décalé, vous n'iriez pas, vous ? Moi, si. À la fois attiré et rebuté par ce pays tellement bizarre, ce peuple perché et ses dirigeants incongrus. Je veux y aller.

Le problème avec les idées géniales, ce n'est pas de les avoir, c'est de les exposer, de les confronter. Lorsque j'ai fait mon *coming out* nord-coréen, les réactions de mon entourage n'ont pas été longues à venir. Pas de grandes surprises. De l'éclat de rire, accompagné du « 'Tain t'es trop con », à une quasi-hostilité « Qu'est-ce que tu vas aller foutre là-bas, t'es con ou quoi ? » La même sentence à chaque fois, ce « t'es con ». Mon avis ? C'est vous, les cons... Qui a la chance dans sa vie de participer à ce genre d'aventure ? Je ne parle pas d'aller boire des Cuba Libre à La Havane, je ne parle pas non plus de *dark tourism*. Je parle d'un projet à la fois réalisable et hors normes, je parle de se bouger, d'aller à l'autre bout du monde pour une des épreuves les plus débiles jamais inventées par l'homme : le marathon.

Que les personnes qui m'aiment aient grincé des dents, normal.

Et puis cet insupportable doute, sur mes capacités physiques : « Mais tu penses vraiment que tu peux courir quarante-deux bornes ? C'est beaucoup quand même... » Ah bon, sans déconner ? Oui, c'est beaucoup, évidemment que je le sais ! C'est inhérent au projet : la possibilité de l'échec. Ce qui m'excite, ici, c'est la forte probabilité d'aller là-bas et de revenir, entier bien entendu, mais perdant. L'incertitude quoi ! La mise en danger, m'extraire d'un quotidien dans lequel le plus gros risque est de se fouler la cheville en allant acheter du pain.

J'ai laissé hurler les mouettes, comme dirait Éric Cantona.

Bien accompagné, on peut affronter n'importe quoi. Or, je le serais, bien accompagné, avec mon petit frère Tristan. Il court depuis longtemps. Je le mettais minable, il y a des années. Aujourd'hui ? Il s'entraîne régulièrement et il est devenu une sorte de tueur tandis que moi... comment dire ? Mais tu penses vraiment que tu peux courir quarante-deux bornes ? C'est beaucoup quand même… Allez tous vous faire foutre, tiens !

Tristan, donc, ne sera pas rebuté par l'épreuve sportive. Autre avantage de partir avec lui : il est drôle. C'est le jumeau caché de Blanche Gardin, avec une repartie telle que le moindre repas de famille se transforme en *one-man-show*. Lorsque je lui ai demandé le plus naturellement : « Tristan, qu'est-ce que tu dirais de courir le Marathon de Pyongyang avec moi ? », je m'attendais à ce qu'il me sorte une phrase du genre « Mais comment n'y ai-je pas pensé le premier ? » Eh bien, pas du tout. Sa réponse m'a tué : « Tu sais, moi, l'avion… » Je lui proposais d'aller passer une dizaine de jours dans l'un des pays les plus fermés au monde, dans le seul et unique empire communisto-dynastique, et lui avait peur de l'avion ! Je lui ai alors répondu que, certes, nous allions prendre l'avion, mais que séjourner dans une dictature devrait davantage l'inquiéter.

Au final, l'aspect dictature l'a effectivement inquiété.

En moins de dix secondes, sur Google, vous tombez sur l'histoire d'Otto Warmbier, cet étudiant américain de vingt-deux ans qui a été condamné à quinze ans de travaux forcés pour avoir volé une affiche de propagande et qui est décédé après un an de mauvais traitements. Tristan m'a rappelé, à juste titre, qu'il était lui-même capable de piquer une affiche de propagande juste pour la mettre dans son salon et que crapahuter en collant dans les rues de Pyongyang ne le faisait pas triper plus que ça. Bref : c'était non.

Ce n'était pas qu'un simple refus, c'était une gifle.

Je pensais qu'on serait au moins deux à adorer cette idée. Ben non.

Tout seul.

Merde quoi… Ça ne branche personne d'aller se balader dans un Truman show version *1984* ? Ils sont où les Tintin, là ? On peut entrer en Corée du Nord, ce mammouth figé dans le permafrost, et personne n'est tenté ?

Le refus de Tristan a eu sur moi un effet radical : il a décuplé ma motivation.

Je n'ai pas enfilé mes baskets depuis tellement longtemps que je vais devoir en racheter des neuves. Je viens de passer deux ans à enchaîner les salons du livre et à faire la fête avec des auteurs, dont certains sont devenus des potes. « Tu penses vraiment que tu peux courir quarante-deux bornes ? C'est beaucoup quand même… »

Je suis têtu.

Pyongyang.

La course est ouverte aux coureurs étrangers et amateurs depuis 2013. J'ai la chance de pouvoir larguer mon job alimentaire pour six mois, conditions idéales pour préparer un marathon. Les objections, on peut en trouver des centaines. Le mieux, c'est de ne pas s'en embarrasser.

Et cette conclusion évidente : fuyez les soirées créoles.

# 2

## La bulle

J'ai toujours aimé partir en vacances dans des dictatures. En 1989, j'ai passé l'été en URSS. J'étais basé à Kalinine, rebaptisée Tver l'année suivante. Un court passage à Moscou et une semaine à Leningrad qui, pour moi, s'appellera toujours ainsi. J'avais dix-sept ans et ce sont mes meilleurs souvenirs d'adolescent. Une de ces libertés ! Je me souviens d'une partie de foot contre des Russes, des types d'une trentaine d'années ; le score on s'en cogne. Je me souviens d'un gars aux cheveux longs qui voulait me faire écouter un groupe local. Je venais de découvrir l'album *Patchanka* de la Mano Negra et j'ai pensé que ce serait forcément mauvais en comparaison. Si les Russes étaient bons en musique, ça se saurait, non ? C'était Kino. Comme un âne, je n'ai pas acheté les vinyles.

Je me souviens d'une cuite à Leningrad.

Je me souviens avoir vendu à des jeunes Russes un jean et des groles, dans l'hôtel, participant ainsi à un marché noir parfaitement rodé.

Je me souviens des magasins où on trouvait quasiment de tout, y compris des clopes américaines, mais dans lesquels on ne pouvait payer qu'en devises étrangères, ce qui en excluait tous les Russes.

Je me souviens qu'ayant perdu mon visa, nous avons dû, avec mon correspondant Micha, aller nous expliquer auprès des militaires. Un bureau immense, le plafond dix fois trop haut. Un homme en uniforme derrière son bureau, avec des médailles qui lui recouvraient le torse. Le type a défoncé Micha, en russe bien sûr. Ça a duré une demi-heure et je dois l'avouer, moi qui ne comprenais pas tout, j'ai craint le pire. Une fois dehors, Micha a éclaté de rire et a résumé la petite entrevue, avec son accent où tous les r sont roulés : « On s'en branle, Iacha : c'était juste un gros con. »

Je me souviens de Géraldine, mon premier grand amour.

Je me souviens de parler russe et de trouver enfin un intérêt à cette matière dont j'avais commencé l'apprentissage en sixième. Une petite tradition familiale assez incompréhensible : ton père a étudié le russe en première langue, tu feras pareil, mon fils. Quand je dis à mon tour à mes filles : « Papi Dom a appris le russe, Papa a appris le russe : vous apprendrez le russe », elles me regardent comme si j'allais les envoyer en pension.

Je me souviens d'une boîte de nuit. Les filles du coin posaient leurs sacs et leurs blousons sur le sol en tas et dansaient autour, en cercle, parce qu'il n'y avait pas de vestiaire. Je me souviens que le DJ passait en boucle « Et tu danses danses danses », refrain de *Nuit de folie*[1], que les jeunes raffolaient de cette chanson et que nous avions du mal à leur expliquer à quel point nous détestions. Je me souviens que Géraldine écoutait Prince et que, du coup, je suis tombé dedans moi aussi.

Je me souviens, enfin, du tramway, à Kalinine. Micha mettait des pièces dans une fente, après quoi il tournait une molette pour récupérer nos deux tickets, presque aussi fins que du papier à cigarette. Je remarquai que la chute de la pièce ne déclenchait aucun mécanisme particulier, si bien que l'on pouvait prendre un ticket sans mettre d'argent. Micha me le confirma. J'étais scié. Je lui demandai pourquoi il mettait de l'argent et il m'a répondu en souriant : « Mais pourquoi ne pas en mettre ? »

Il était là, le mur de Berlin : dans nos conceptions. Car si je ne comprenais vraiment, mais alors vraiment pas pourquoi il ne fraudait pas, Micha n'avait jamais pensé à le faire. Très sincèrement, il n'y voyait aucun intérêt.

*

Sinon j'ai passé pas mal de temps en Roumanie, à commencer par un échange scolaire en 1992. Ma correspondante, Irina, me montrait les impacts de balles sur les murs de Bucarest. J'ai eu le coup de foudre pour

1. Chanson du groupe Début de soirée.

ce pays, dans lequel je suis retourné à deux reprises, en 2002 et 2003.

Lorsqu'on m'a proposé d'écrire un roman policier à quatre mains avec un auteur roumain, je n'ai donc pas hésité. Un des arguments béton était que j'allais passer un week-end à Bucarest pour rencontrer mon homologue. C'est ainsi qu'en janvier 2019, je me rends dans la capitale roumaine, où je suis accueilli par Bogdan, l'éditeur, Lucian, l'auteur, et Lucia, dramaturge et traductrice.

Ils sont plutôt aimables et tout se passe bien, jusqu'à ce que, au bar de l'hôtel, l'impensable se produise. Vous avez des certitudes, vous évoluez dans un monde que vous pensez connaître, dont vous maîtrisez les codes, et patatras : un Roumain commande une eau minérale. Deux Roumains, pour être précis : Lucian et Lucia.

J'ai pris une bière. Tant pis pour ma réputation.

Très vite, Lucian et moi parlons de nos projets et j'évoque la Corée du Nord. Ça jette un froid. Les yeux de Lucia s'affaissent de quelques millimètres et lui donnent une expression à la Droopy. Je comprends ce qui les dépasse. Pourquoi perdre son temps dans une dictature ? Mes trois interlocuteurs, quoique d'âges différents, ont connu le régime de Ceausescu, ils ont connu la faim et les privations de tout, la liberté en tête. J'ignore si un classement est possible, si l'on peut déterminer un top 3 de la saloperie, mais si tel est le cas, la Securitate est en bonne place avec la Stasi et le KGB. Et pour ceux qui ont connu cette vie-là, aller crapahuter en Corée du Nord n'est ni cool ni marrant : c'est sans intérêt.

Cela dit, et sans le vouloir, j'ai replongé mes trois nouveaux amis roumains dans leurs souvenirs. C'est Lucia qui dégaine la première. « Tu sais Jacky, si nous n'avions pas fait la révolution, aujourd'hui la Roumanie serait la Corée du Nord. » Bogdan et Lucian opinent du chef, tout le monde est d'accord. Lucia sourit et me décrit le quotidien sous l'ère communiste, notamment les files d'attente. Elle explique qu'à l'époque, il n'était pas rare qu'un membre de la famille rentre à la maison avec trois ou quatre heures de retard. On ne pensait pas à une arrestation, au contraire, on considérait ça comme une bonne nouvelle potentielle. « Quand on voyait une queue devant un magasin, on la prenait et on attendait, sans savoir ce qu'on pourrait acheter. De toute façon on manquait de tout, alors faire la queue n'était jamais inutile. » Lucia ajoute que le manque de nourriture a été tel que les Roumains ont gardé ça dans leurs gènes. De nos jours, ils ne pensent qu'à bouffer, ils sont tout le temps fourrés au restaurant. Lucian précise, amusé, qu'à Bucarest, Ikea réalise plus de chiffre d'affaires avec son restaurant qu'avec la vente de meubles.

Alors que les souvenirs continuent de fuser, je demande à Lucia quelle est la différence entre les Roumains de Ceausescu et les Coréens de Kim. La sentence est immédiate : les Roumains avaient un fanatisme de façade, d'opportunité, tandis que les Coréens sont des fanatiques convaincus. Les Roumains jouaient les premiers de la classe pour passer entre les gouttes tandis que les Coréens sont des exécuteurs exaltés. Dans les deux cas, cela dit, on peut vite basculer dans la violence. Soit pour jouer le jeu, soit parce qu'on est le jeu.

Les Coréens, des fous furieux, donc. Les arguments ? Aucun, c'est comme ça. Les Asiatiques sont disciplinés et rigides. Quant aux Roumains, ils possèdent un double logiciel, une double peine, précise Lucia en riant : ils sont latins et ils viennent des Balkans. Pour les Latins, un obstacle n'en est jamais un, car on peut passer sur le côté. Les Latins avancent en zigzag. Pour ceux qui sont originaires des Balkans, c'est exactement la même chose. Tout dans le zigzag. Et de conclure, hilare, qu'ils ne savent jamais s'ils sont dans le virage latin ou le virage des Balkans, mais qu'au fond cela n'a pas d'importance : « On avance de travers, mais on avance. »

Voilà la différence avec les Coréens. Bogdan précise qu'ils n'ont pas compris les images des Nord-Coréens pleurant et criant à s'arracher les cheveux lorsque Kim Jong-il est mort. Lucia est d'accord, tout en admettant que des scènes similaires ont eu lieu à la mort de Staline, en 1953. J'ai envie de lui dire que, du coup, c'est pareil, mais je m'abstiens.

Lucia a mis le doigt sur une question pertinente : ce peuple donne-t-il dans le fanatisme sincère ou de survie ? Les Nord-Coréens, qui pour la plupart n'ont connu que la répression et qui n'ont accès à aucun média étranger, sont-ils réellement convaincus ?

Et la question de la question : est-ce que la bulle peut éclater ? Est-ce que ce régime peut céder, dans une semaine, dans quinze ans, jamais ? De quelle manière ? Genre révolution de velours ou plutôt « écoute grand, on a réfléchi, les procès, ça ennuie tout le monde, on va la jouer façon balle dans la nuque » ?

Je me doute que je ne trouverai pas la réponse en dix jours. En revanche, ce serait malhonnête de dire que je n'y pense pas.

# 3

## Hugo Lloris

DANS LA VIE, il y a pire que d'être serveur : il y a *extra*. On vous prend à la journée. Et c'est tout. Que vous soyez bon ou mauvais importe peu : on a surtout besoin d'un porteur d'assiettes. J'ai vécu ça quelques mois, et ça a été la pire expérience professionnelle de ma vie. J'étais au Novotel de Gerland, avec des horaires sympathiques, 5 heures-15 heures. Je ne suis toujours pas publié, je galère pour gagner à peine mille euros par mois. Seule satisfaction : je suis le serveur qui s'est occupé d'Hugo Lloris, à son arrivée à Lyon.

Je ne serais pas étonné qu'il s'en souvienne d'ailleurs. Il est descendu de sa chambre un peu avant 22 heures, le moment où tous les serveurs ont des têtes de tueur en série. Parce qu'ils sont sur le point de fermer et que vous, vous débarquez. Et je ne l'ai pas reconnu. Moi qui suis dingue de foot, qui suis dingue de l'OL, je ne l'ai pas reconnu. Alexandre, le serveur avec qui je travaillais ce soir-là, un Parisien également passionné de ballon rond, qui est même passé par le centre de formation du PSG, ne l'a pas reconnu non plus.

Monsieur Lloris, je tiens ici à m'excuser pour la prestation de serveur que je vous ai fournie. Vous vouliez un Coca Light, je vous ai oublié durant vingt minutes parce que je parlais championnat avec Alexandre. Quand je me suis souvenu de votre commande, je suis allé au bar pour découvrir qu'il n'y avait plus de Coca Light, je vous ai apporté un Coca normal et vous n'avez rien dit. Vous avez commandé du poulet et je me suis trompé, j'ai demandé du saumon en cuisine. Là encore, vous n'avez rien dit.

Monsieur Lloris, vous avez été la pire table de toute ma carrière, et je jure que pourtant j'ai pris ce boulot de serveur très à cœur, j'étais souriant, mes tables ne manquaient jamais ni de pain ni d'eau. Mais là…

Au moment de payer, vous avez annoncé qu'il fallait mettre la note sur votre chambre. Oui, quel nom ? Lloris… Avec Alexandre, nous nous sommes regardés comme deux glands. C'est lui qui a sorti la phrase magique : « Ah mais oui, je me disais aussi que je vous avais déjà vu quelque part. » Inutile de préciser que nous n'avons pas essayé de savoir si tout avait été comme il voulait.

Je me languissais au Novotel. Mal payé, des horaires élastiques, mais jamais dans le bon sens, et ces livres que j'écris et qui ne sont pas publiés, c'était trop. Pour Séverine, qui partageait et partage toujours ma vie, c'était dur. Je ne ramenais pas assez d'argent pour contribuer à faire tourner la maison et je passais mon temps libre à écrire. Tout faux. J'ai donc décidé de chercher un boulot digne de ce nom, dans un bureau, avec des horaires normaux et un salaire décent. Dans ce genre de situation, c'est bien d'avoir un pote responsable du recrutement dans une agence d'intérim.

J'ai rencontré Nicolas en arrivant à Lyon, il y a une quinzaine d'années. Il était responsable de salle dans un bouchon lyonnais. Un fondu de littérature américaine. Je devais être le seul auteur-serveur et je suis tombé sur le seul restaurateur qui lit des bouquins. Autant dire que nous avions une proximité intellectuelle que les litres de vodka-pomme vidés en deux ans ont largement contribué à intensifier. Et puis Nico en a eu marre de la restauration – tu m'étonnes. Il s'est lancé dans les ressources humaines. L'intérim, donc.

Est-ce que je suis le premier *room service* au monde à faire un *burn-out* ?

Peut-être. On s'en fout. J'ai appelé Nico et je lui ai demandé de m'aider à m'évader de la prison du Novotel, ce qui ne lui a pas paru très compliqué. D'après lui, un intérimaire qui arrive à l'heure et qui dit bonjour le matin est une denrée rare. J'avais toutes mes chances. C'était vrai. Une semaine plus tard, j'embauchais dans un centre d'appels, ces nouveaux lieux du prolétariat. Ce sont les premiers boulots de l'échelle sociale, les jobs *low cost*. Ainsi je me retrouvai chez un sous-traitant d'EDF à répondre aux clients. Huit appels de l'heure.

Et autant vous dire que les personnes qui contactent EDF ne sont en général pas ravies. Je suis tout de même resté et je suis monté en grade pour devenir conseiller qualité EDF. Rendez-vous compte… C'était moi qui écoutais les conversations et notais mes collaborateurs, avec un volet formation des nouveaux. EDF confie donc le soin de former les salariés qui répondent à leurs clients à un écrivain qui bosse en intérim pour leur sous-traitant. Bien joué les gars.

Après dix-huit mois en centre d'appels, j'ai bossé comme chargé d'affaires dans une grosse boîte lyonnaise que je ne citerai pas, inutile de faire de la publicité à des chiens. Mauvaise expérience. Je me suis retrouvé devant Nicolas, voilà, j'avais assuré deux missions de dix-huit mois et je n'avais rien en vue, je me voyais déjà repartir dans la restauration lorsqu'il m'a dit : « Bon, y'a Alstom… ils cherchent quelqu'un pour trois mois. Avec ton CV d'écrivain serveur conseiller qualité EDF, c'est pas gagné. Je t'envoie en entretien, on sait jamais, sur un malentendu ça peut passer. »

Le malentendu s'appelait Jean-Pierre. Je lui parle des logiciels que je maîtrise, de mon boulot de chargé d'affaires dans la boîte précédente, j'explique que je suis rigoureux, voire psychorigide – ce qui est vrai. Je réalise très vite que je vais avoir la place, parce qu'ils sont dans la mouise. Gros pic de boulot, trop de gens en vacances, et seulement deux CV, le mien et celui d'une femme handicapée qui a la particularité de pouvoir monter les escaliers, mais pas de les descendre, ou l'inverse. Et vu que l'atelier est en bas et les bureaux à l'étage avec, en prime, des escaliers en colimaçon, le poste est pour moi.

Durant les presque huit années que j'ai passées chez Alstom, je n'ai jamais manqué une occasion de féliciter Jean-Pierre pour ses talents de recruteur. Un écrivain comme préparateur chantier chargé de louer des nacelles et des grues un peu partout en France, il fallait oser.

Entrer dans cette multinationale a été un pan fantastique de ma vie. Mais voilà, après toutes ces années dans les disjoncteurs, à passer de préparateur chantier à approvisionneur, je m'étiole. Travailler le jour et écrire la nuit, ça ne peut pas durer très longtemps. Un des rouages finit par craquer, forcément, et entre mes enfants, mes livres et Alstom, le choix n'est pas trop compliqué. Mes premiers romans ont été publiés, j'ai des projets de scénarios, bref, j'en suis là quand cette histoire de Corée du Nord vient envahir mon esprit : je suis obsédé.

Je la joue toutefois sécure ; plutôt que de démissionner, j'opte pour le congé sabbatique. N'insultons pas l'avenir… Et, comme si je voulais absolument fournir un prétexte à ce congé, je me mets en tête de préparer un marathon et un voyage en Corée du Nord.

Séverine a explosé, puis elle a recollé les morceaux. Elle a tout de même quelques interrogations, que je suis obligé d'entendre. « Un marathon ? T'aimes courir, je sais, mais les entorses à répétition et ton problème de cheville cassée de l'année dernière t'ont un peu éloigné des parcs, non ? »

Je me lance.

On se lance.

# 4

## La *team*

Une de mes craintes était de devoir y aller seul. Tristan *out*, j'ai demandé à mon père, Dom, qui a répondu oui tout de suite. Un marathon à soixante-sept ans, pas de problème. À Pyongyang ? Encore mieux. Dominique me paraissait être la personne la plus sûre avec qui partir en Corée du Nord. Il est typiquement le genre de gars que l'on choisit pour des missions dans l'espace.

Déjà, il a un petit côté lunaire. Nous sommes cinq enfants, et il nous a tous oubliés quelque part au moins huit cents fois. Quand il n'est pas plongé dans ses recherches, Dom enseigne. Un jour, à la fac, il s'est aperçu qu'en sortant de la douche, il avait remis sa veste de pyjama au lieu de sa chemise. Manque de bol, c'était un jour à étudiants.

À côté de ça, Dom est capable de fouiller dans le cerveau d'un rat, de refaire toute l'électricité d'une maison, de réussir les joints d'une cloison Placoplatre® et de réparer une voiture. Il connaît tous les appareils

Apple sur le bout des doigts, termine un Trivial Pursuit tout seul avant que vous ayez pu commencer votre premier tour et a obtenu son brevet de pilote d'avion quand il était jeune. Un mec énervant.

J'aurais aimé partir avec Dom, mais quand je lui ai annoncé que le voyage durerait dix jours, il a décliné.

Dominique *out* lui aussi, j'ai pensé à Olivier, mon oncle, le petit frère de Dom. Un autre cas lunaire, certainement pire. Mais brillant également. Avec le brevet de pilote comme autre point commun. Olivier a quitté Besançon à seize ans pour s'installer à Londres, avec en poche un CAP et un BEP de cuisine. Il fut second dans un restaurant gastronomique durant deux ans, après quoi il est passé au Luxembourg pour une saison et il y est toujours, trente-trois ans plus tard. Olivier, c'est un travailleur acharné. Il a été salarié deux ans avant de racheter le restaurant Les caves gourmandes, puis La Mirabelle. Avec son associé, ils ont ensuite ouvert La Goethe Stuff, le Come Prima, le Piu di Prima, le Bœuf à table, le Sapori, et j'en passe. Si quelqu'un vous parle du Luxembourg et qu'il ne connaît ni La Mirabelle ni le Come Prima, alors il vous ment, il ne connaît pas cette ville.

Lorsque j'ai appelé Olivier pour lui proposer la Corée du Nord, il était en plein service. Mauvais horaire pour le déranger. Cela dit sa réponse a été claire : « Peux pas te parler je suis en plein jus, t'as oublié comment ça se passe ou quoi ? Mais un marathon à Pyongyang ? Évidemment que je viens… »

*

J'ai passé de nombreuses vacances dans le Grand-Duché pour bosser dans les restaurants du tonton. J'y allais un ou deux mois pour gagner de l'argent de poche. Sauf que l'argent du Luxembourg est aimanté. Il reste là-bas. Je n'ai jamais été foutu d'en rapporter en France. Les bars, les restaurants, les boîtes sont extra, et il faut bien passer le temps. Financièrement donc, mauvaise opération, mais pour ce qui est de l'exploration de la nuit luxembourgeoise, carton plein.

Pour moi, ce pays n'était pas sérieux.

Et lorsqu'Olivier m'avait annoncé qu'il aimerait que je participe à un projet un peu foufou qu'il avait en tête, j'ai su que cela n'allait pas s'arranger.

Peintre à ses heures, amateur d'art contemporain, Olivier avait monté une société d'événementiel et, sur ses fonds propres, fait venir en résidence à Luxembourg un artiste par pays de la communauté européenne. Vingt-cinq artistes ont débarqué. Olivier a commandé en Hollande des étoiles en aluminium et en 3D de trois mètres de haut. Chacun des artistes en résidence avait une étoile et une totale liberté. La seule contrainte était le thème : l'Europe.

C'est ainsi que je me suis installé durablement au Luxembourg, dans le but de vendre l'exposition aux capitales des pays concernés. Sur le papier, c'était séduisant.

Les plus cinglés furent les Portugais. Le couple d'artistes avait décidé de treuiller l'étoile en hélicoptère et de la laisser tomber. Un crash, quoi. Olivier, qui ne fait jamais rien à moitié, a loué un hélicoptère ainsi qu'une piste d'atterrissage, dans un aéroport allemand. L'œuvre fut donc une étoile en aluminium totalement explosée. L'Anglais, Alex Frost, a quant à lui recouvert son étoile de polystyrène, ainsi transformée en une énorme boule. Il a ensuite recouvert l'ensemble d'une mosaïque et le résultat nous a tous sidérés, c'était un visage et pas n'importe lequel : le sien. Un autoportrait avec des petits morceaux de carrelage. Moi ? J'ai surtout été serveur au Come Prima, où j'ai appris le métier. L'exposition n'a jamais été vendue et elle est maintenant dans un champ, chez un autre oncle tout aussi lunaire, en Haute-Saône. Sous des bâches. Coût de l'opération : deux cent mille euros.

Olivier s'est ensuite mis au sport. Il a commencé, en toute simplicité, par des *Ironman*, ces triathlons extrêmes comprenant 3,8 kilomètres de natation, 180 kilomètres de cyclisme et enfin 42 kilomètres de course à pied. Depuis deux ans, il s'est spécialisé dans une autre forme de triathlon, les Xterra. Des distances plus courtes, mais en version cross : 1,5 kilomètre de natation en eau vive, suivi de 30 kilomètres de VTT et enfin 10 kilomètres de *trail*. Il est devenu champion d'Europe dans la catégorie des plus de cinquante ans.

*

Invitée de dernière minute dans cette *magic team*, Clémentine, une critique littéraire que je connaissais depuis peu et avec qui je m'étais aussitôt entendu. Une vraie Parisienne, qui aime boire des verres à des terrasses en fumant des clopes et qui ne pratique un sport que lorsqu'elle doit courir sur un quai de métro. Elle considère que les adeptes de la course à pied s'humilient en public dans des fringues trop moulantes et de mauvais goût.

Non, ce n'est pas « tendance » de sortir en collant dans la rue.

Clémentine et moi éprouvons le même amour irrationnel pour Paris et considérons qu'aucune autre ville française ne lui arrive à la cheville. Ce type d'affirmation fait bondir les provinciaux, ça les agace, ils poussent de hauts cris. Deuxième point commun : une propension à énerver. Nous adorons sortir des horreurs. « Gainsbourg, à part l'album *L'Homme à la tête de chou*, il a surtout écrit de la merde. » « Stanley Kubrick ? C'est du cinéma Ikea, en vitrine c'est superbe, mais quand on l'a chez soi, bof. » « Jean Gabin joue toujours pareil, c'est le pire acteur français. » Sortez ce genre de phrase en soirée, ensuite laissez agir. Certains voudront vous défenestrer – beaucoup –, d'autres seront d'accord – un peu –, et tout ce petit monde va se friter.

Voilà les travers que nous avons en commun, un certain goût pour la provoc.

C'est dans un taxi que tout s'est joué, au festival *Quais du Polar* à Lyon. Nous étions quatre, Clémentine, moi, un autre auteur et une éditrice.

Alain Bashung à la radio.

Pour mettre un peu d'ambiance, je lance que Bashung n'a quasiment écrit que des chansons pourries. L'éditrice : outrée. L'autre auteur : pas d'accord. Et Clémentine d'ajouter : « Mais grave ! Enfin, c'est pas trop mauvais pour un chanteur de variétés… » On se regarde, on se bidonne et, pour changer de sujet, j'annonce à Clémentine : « Je t'ai dit que je pensais faire le Marathon de Pyongyang ? »

J'ignorais qu'elle rêvait d'aller en Corée du Nord et que, persuadée que c'était irréalisable, elle n'avait jamais tenté de mener à bien sa lubie. Là, dans ce taxi, j'ai vu ses yeux pétiller.

Les défilés militaires démesurés, les stades remplis de Nord-Coréens qui agitent des drapeaux de couleur, la coupe de cheveux de Jong-un, Clémentine était intarissable sur les joies de ce pays. Elle se demandait déjà où elle avait pu ranger son passeport. Juste un petit détail : le marathon. C'est presque une mission impossible pour moi, alors pour elle…

En l'embringuant dans cette épreuve, je risquais de finir inculpé pour non-assistance à personne en danger. Sauf que la vie est bien faite. J'ai effectivement appris qu'en plus du marathon, on peut s'inscrire aux épreuves du semi-marathon, du 10 ou encore du 5 kilomètres.

Voilà le ticket d'entrée pour Clémentine : le 10 kilomètres. Elle est jeune, grande et svelte, un parfait physique de *joggeuse* en herbe.

Olivier le tueur, moi le coureur qui ne court plus depuis longtemps, Clémentine la critique littéraire qui a acheté des baskets et s'est mise à courir la nuit : les Dalton quoi.

## 5

## *Snatch*

J'ai six mois pour me préparer. Large. Au sommet de ma gloire, j'avais couru un semi-marathon en une heure et trente-neuf minutes. C'était il y a longtemps, très longtemps. J'ai pris huit kilos depuis. Une autre vie, quoi. Mais, comme n'importe quel garçon coupé des réalités, je suis persuadé d'avoir encore de beaux restes.

J'habite à côté d'un parc technologique, une sorte de furoncle vert, une forêt sans oiseaux avec des arbres qui ont été plantés là pour faire nature. Dans le parc, que des entreprises, et des grosses, dont la mienne d'ailleurs, Alstom. Le jour, ça grouille de cadres qui vont et viennent et de camions de livraison. Le midi, ça grouille d'employés de bureau et de gars d'atelier qui se ruent sur l'un des deux restaurants d'entreprise.

Le soir, c'est désert, forcément. Des réverbères assurent une bonne visibilité et il n'y a pas un chat ; royal, je vais pouvoir tester mes cuisses et mes baskets. Je déteste courir dans des parcs à joggeurs, parce qu'on est tenté d'accélérer pour rattraper le mec de devant et on s'épuise, on ne court pas comme on devrait. Seul, les efforts sont dictés par nos capacités réelles et rien d'autre.

Au détour d'un lac artificiel minable, je tombe sur un camp de Roms, trois ou quatre familles qui dorment dans des voitures garées le long du trottoir. Une camionnette à l'arrière ouvert, comme celle des artisans du bâtiment, pleine à craquer de ferraille. Quelques berlines, un Renault Trafic hors d'âge. Des cordes tendues entre les arbres, sur lesquelles les fringues de tout le monde tentent de sécher. Les moteurs sont allumés, pour le chauffage. La buée dans les habitacles, les femmes et les enfants sont au chaud. Ça carbure au fioul domestique, moins cher, mais ça pue. Les hommes sont assis sur des chaises en plastique et discutent.

J'ai le sentiment de traverser leur salon, c'est gênant. Eux ne me voient pas, m'ignorent au point que je me demande si j'existe. La croisée de deux mondes, eux qui n'ont rien et moi qui ai un loisir. Ils doivent se dire que ce que je fais est profondément débile et que la société l'est tout autant. Ou pas. Je sais juste que si quelqu'un traversait mon salon en baskets crades et en courant, ça me rendrait dingue. Et s'ils m'attrapaient ? Ils pourraient me découper en rondelles et enterrer mes restes dans ce bois artificiel, personne n'en saurait jamais rien. Pire : qu'est-ce qui me prouve qu'ils ne se placent pas là exprès pour attraper des sportifs en excellente santé afin d'alimenter un trafic international d'organes ? Je vois déjà l'article dans la presse locale. « Assassiné par des Gitans alors qu'il préparait le Marathon de Pyongyang, son foie a été vendu un million de dollars à un yakuza en attente d'une greffe. » Je pense à *Tokyo Vice*, le bouquin de Jake Adelstein, cet Américain installé au Japon, qui a appris la langue avant de devenir journaliste. Spécialiste de la mafia nippone, il est tombé sur au moins un cas de chef mafieux multimilliardaire qui a payé une clinique aux États-Unis pour bénéficier d'une telle greffe avant tout le monde, évidemment.

Je n'ai pas du tout envie de finir en petits morceaux dans des corps de yakuzas.

Je speede.

Un peu plus loin, une voiture ralentit à mon niveau. Je tourne la tête et je vois, comme dans un miroir, un père de famille, avec une bonne tête de commercial. Qu'est-ce qu'il fout ici, lui, à cette heure ? Il me regarde, puis repart. Il roule jusqu'au bout de la rue, fait le tour du rond-point et revient. Regard, haussement de sourcil, presque un sourire. Il poursuit sa route.

Seul, enfin. C'est dur, mentalement, car Satan me répète inlassablement « mais pourquoi tu t'imposes ça » ? Cela dit, je le trouve très pertinent. Pourquoi est-ce que je m'impose ça ? Courir en short, en plein hiver, à la nuit tombée ? En quoi est-ce raisonnable ? Je connais la réponse.

J'en suis à combien, là ? Ma montre GPS de type qui court indique quatre kilomètres deux cents. Satan me traduit cette information : « Quand tu seras en Corée, tu devras multiplier ça par dix. » Seule satisfaction : il n'y a pas de Roms trafiquants d'organes à Pyongyang. Enfin, je ne crois pas.

Pour un entraînement digne de ce nom, je dois accomplir deux tours du parc technologique. J'attaque la seconde boucle avec la motivation d'un bachelier qui va au rattrapage.

Qu'est-ce qu'il a ce con ?

C'est le type de tout à l'heure, le commercial, le voilà qui repasse lentement et me dépasse. D'accord, j'y suis. J'aurai au moins appris quelque chose ce soir : le parc technologique regorge d'activités nocturnes. Alerté, je prête désormais attention aux voitures qui passent et repère le manège des types en Clio ou en Golf, certains en monospace, mais c'est plus rare – sûrement la vision du siège bébé dans le rétro qui douche les ardeurs.

Ils roulent, ils rôdent, les voitures se suivent sur cent ou deux cents mètres, un clignotant s'active, un second, et hop, on se gare. La plupart laissent le plafonnier allumé, un signe de reconnaissance. Un « j'en suis ». Un peu comme les bougies des putes, sur les tableaux de bord des camionnettes, à Gerland. Elles l'allument lorsqu'elles sont disponibles. Quand j'étais *room service* et que je prenais à 5 heures du matin, je passais, à pied, devant les filles au bout de mon avenue. La plupart étaient blacks et toutes avaient la corpulence de Basile Boli. « Tu veux la pipe, chéri ? » Un type qui passe dans leur coin à cinq du mat', forcément… Bien élevé, ou plutôt, un peu con, je répondais systématiquement : « Merci, Madame, ça va aller. »

C'est ce que je pourrais dire à tous ces mecs, ce soir. « Merci, Messieurs, ça va aller. » Les bagnoles tournent et je cours en cuissard, mes mollets bien visibles, comme une invitation au voyage… Régulièrement, l'un d'entre eux ralentit et me lance un regard suggestif. Que dire ? Je suis en short, mec, je dégouline de sueur, j'ai des écouteurs et une gourde à la main, tu crois vraiment que je suis là pour un plan cul ?

Sacré déguisement pour aller draguer.

Une chose est sûre, je n'ai rien à foutre là. Je ne dérange pas, mais je fais sacrément désordre. Deux lourdes décisions s'imposent à moi et la première, c'est de courir la journée. Moins de surprise. La seconde, tout aussi importante : il serait temps que je me dégote un plan d'entraînement…

## 6

## *L'Établi*

Le type porte une moustache des années 1970 assez ridicule et me fixe, l'air de dire, tu vas y arriver. Il m'est immédiatement antipathique et je sais qu'il va me prendre la tête, dire ce que je n'ai pas envie d'entendre, me demander d'accomplir des prouesses dont je suis incapable et exiger de moi l'impossible.

Qu'est-ce qu'un coach si ce n'est un tyran ? Un Kim Jong-un en short…

Celui que j'ai trouvé est virtuel. Un site Internet, pris au pif. Un programme en douze semaines, intensif mais progressif, avec des séances rapprochées, mais nécessitant un effort mesuré : parfait. À chaque semaine un plan d'action et un calendrier de la plus haute précision pour arriver au sommet de ma forme, le 7 avril, jour du marathon.

Le planning de la première semaine annonce la couleur, avec une sortie d'une heure et quinze minutes sur terrain vallonné, puis une séance de fractionnés, à savoir vingt minutes de jogging tranquille suivi de trois fois deux kilomètres à douze kilomètres à l'heure, et enfin une sortie longue d'une heure et trente minutes. Pour être certain de retenir ce que l'on attend de moi, je dois relire deux ou trois fois l'énoncé. Pas de doute : ça commence tout de suite très fort.

Pour me soutenir dans cette épreuve : la musique. J'ai le choix entre plusieurs *playlists*, celle dédiée à la course à pied, celle pour l'apéro, celle pour les transports, etc. Je vais courir entre trois et cinq heures par semaine, autant éviter les morceaux de techno énervés. Va pour l'apéro-liste, dont le premier morceau, *So much trouble in the world* de Bob Marley me laisse songeur sur sa présence dans mon smartphone. Je n'ai jamais beaucoup aimé Bob. Je décide toutefois de l'y laisser, parce que ça me fait sourire. Est-ce bien sérieux, en effet, de se caler sur du folklore jamaïcain pour préparer un marathon ? Et *Primitif* de Richard Gotainer, en plein milieu de la liste, c'est casher-Corée du Nord ça ?

Toujours les mêmes chansons, donc, et dans le même ordre. Toujours le même parcours, également. C'est voulu. Beaucoup de coureurs se foutent de moi, préférant partir le plus possible à l'aventure à chaque séance. Un nouveau coin, un nouveau chemin, pas de routine. Moi c'est carrément l'inverse, j'ai besoin d'une routine, de repères immuables, de répétition. Des séquences, des tronçons.

À force de passer par le même trajet, je connais le relief, les trous, les bosses, les zébrures dans le sol. J'anticipe les endroits où il faut sauter, prendre un peu sur le talus, ce genre de feinte. Ça me rappelle *L'Établi*, de Robert Linhart. Après mai 1968, des étudiants et militants d'extrême gauche, soucieux de ne pas rester entre intellectuels et fils de bourgeois, ont choisi d'embaucher dans des usines. Autant pour faire la révolution, forcément prolétarienne, et qui ne pouvait venir que de l'intérieur, que pour fuir leur milieu. On a appelé ces individus des Établis. Établis dans les boîtes, dans les chaînes. C'est ce qu'a accompli Linhart. Un des plus beaux passages du bouquin relate une journée durant laquelle l'auteur a dû multiplier des allers et retours en poussant un chariot dans une cour intérieure. Courbé sur le chariot, les yeux collés au sol, l'étudiant établi scanne le bitume et en intègre les moindres défauts, les trous, les traits, les cailloux, tout. Comme on connaît une carte par cœur.

De nos jours, les étudiants qui s'établissent dans les usines ne sont pas là pour une révolution : ils ont suivi des études de management et ce sont des petits bâtards. Linhart voulait aider les prolétaires à se faire un peu moins enfler : ceux d'aujourd'hui ont appris les méthodes pour les enrhumer jusqu'à l'os. Un peu comme dans le roman de Grégoire Damon, *Fastfood* : le monde de l'entreprise y est composé de deux catégories, les cons et les enculés.

Oui, une autre époque : auparavant, le pouvoir était entre les mains de ceux qui gardaient l'information, aujourd'hui il est entre les mains de ceux qui la *forwardent*. Quand j'ai quitté Alstom, je n'ai pas rencontré le nouveau – intérimaire, ça va de soi –, qui allait me remplacer. Plutôt que de le faire venir deux ou trois semaines avant mon départ, pour une période de biseau raisonnable, on m'a demandé de détailler tous mes *process* par écrit.

Je l'avais constaté déjà et cela m'avait agacé au plus haut point : l'entreprise moderne refuse que le savoir soit dans les têtes, elle veut qu'il soit dans les *process*. C'est fini, les Patricia, les Sylviane ou les Anne-Marie, le crâne rempli de toute l'histoire d'une boîte. C'est fini les anciens vers qui se tourner pour obtenir les tuyaux si utiles au bon fonctionnement. Des *process*. L'humain n'a plus rien à voir dans l'histoire, on veut des *to do list*, on veut des captures d'écran. On ne veut plus de personnes avec des personnalités, mais du personnel qui ne soit personne.

*

La course à pied est un sport chiant, il faut le dire. Peut-être le moins ludique et certainement le plus crevant, il a tout contre lui. Du coup, c'est un sport de cérébral. Quand vous courez, votre esprit vagabonde, vous laissez la fission nucléaire de la caboche s'accomplir et évitez ainsi de mourir d'ennui. Petit plus : penser à toute autre chose vous sort de votre corps et de la difficulté, si bien que vous pouvez parcourir plusieurs kilomètres avant de vous souvenir de la souffrance physique.

En revanche, le cérébral, ça n'arrive pas tout de suite ; seulement quand votre corps s'est un peu habitué.

Les deux ou trois premières semaines, c'est un sport exclusivement non ludique et crevant. Il faut dépasser cette étape. S'accrocher. Ou se pendre à un arbre du parc technologique. L'entraînement, qu'il pleuve ou qu'il neige, trois fois par semaine, avec la tête d'un abruti à moustache qui vous fixe dans les yeux avant chaque départ, c'est pas évident. Si un jour je deviens tueur en série, je ciblerai les coaches sportifs. Je vais tous me les faire.

En attendant, il est vital de me préparer correctement. J'ai lu quelque part qu'au Marathon de Pyongyang, les voitures-balais étaient des ambulances. Et apparemment les mecs ne rigolent pas, si tu marches, si tu traînes, ils te ramassent, d'accord ou pas. Et puis ambulance, ça veut dire hôpital, non ? L'espérance de vie dans un hosto nord-coréen, c'est quoi ? Pas bien long, à mon avis. Et le malaise cardiaque, en pleine rue ? Hein, ça donnerait quoi ? Je ne suis pas certain qu'ils soient nombreux à avoir le brevet de secourisme, là-bas. Ce ne sont pas les croix qui sont rouges, ce sont les étoiles.

Au final, comme en atteste ma montre GPS, j'ai parcouru 622 kilomètres en quatre mois. Ce n'est pas énorme. Mais j'ai été discipliné, appliqué, sérieux.

Les entraînements pendant la semaine de ski, par exemple, je m'en serais passé. Courir en short le long d'une piste baby, à Flaine, difficile de trouver mieux pour se faire remarquer.

J'ai souffert. Mille fois j'ai pensé que je ne pourrais pas aller au bout de cette aventure. Ce n'était pas par fausse modestie ou je ne sais quelle humilité de façade. J'étais persuadé de ne pas en avoir les capacités. Et puis les kilomètres se sont accumulés. Au début de la septième semaine, j'étais en pleine forme. Tant mieux, car on atteignait le pic, le point G de Moustache : la sortie longue. La fameuse. Le point culminant de l'entraînement dont parlent tous ceux qui sont passés par là. « Et ta sortie longue alors ? » Ils ont des étoiles dans les yeux, on dirait des dealers qui vantent les effets d'une nouvelle pilule.

*

J'étais à Besançon, où un chemin de halage longe le Doubs. Il a deux gros avantages, c'est du plat et il n'y a pas de voitures, et un gros inconvénient, il file toujours tout droit. Autre léger handicap pour moi, j'évoluais hors de ma zone de confort, sur un terrain qui n'était pas le mien. Ma routine, nom de Dieu, ma routine…

Deux heures et trente minutes, c'est ce que Moustache attendait de moi.

Je n'ai jamais couru aussi longtemps. Un peu moins de deux heures, c'était le maximum, lors de mon premier semi-marathon, des années de cela. Et dans mon souvenir, je n'étais pas frais à l'arrivée.

Je pars donc tout droit, pendant une heure et quinze minutes, avant de faire demi-tour. J'aime ça. Je me dois de le dire, si je devais arrêter de courir, je serais en manque. Et puis cette sortie longue, j'y pense depuis quelque temps, j'ai envie de m'y frotter, de taper dedans, de me faire mal. Masochisme de *runner*, ainsi que je pourrais presque me qualifier en cette belle journée de février. Oui, j'ai changé. Oui, je suis devenu sportif. Oui, je suis content d'en découdre avec MA sortie longue.

J'ai tenu un peu plus de vingt kilomètres. Pour être précis, j'ai éprouvé du plaisir sur une vingtaine de kilomètres. J'ai tenu deux heures trente, mais la fin a été un enfer. La dernière demi-heure, mes jambes sont devenues comme du bois et mon moral comme un lendemain de cuite. C'est d'ailleurs intéressant de pousser jusque-là ses limites physiques, de se trouver sinon en danger, du moins vulnérable. Cela n'arrive pas souvent, les batteries à plat, vraiment à plat. Une sorte d'état de nature, de guerre de tous contre tous, mais tout seul. Le courage, l'abnégation, ces vertus que l'on ne connaît que dans les histoires des autres, on sait soudain si on les possède.

Moi ? Le courage, l'abnégation ? J'ai parcouru vingt-six kilomètres, dont six dans un état second. Dans un état troisième, même. Le simple fait de marcher me provoquait des douleurs sourdes. Indigestion de tout mon corps, rejet de l'effort, des baskets, de toutes ces conneries. Autant dire que le type qui m'a klaxonné lorsque j'ai traversé, au sortir de la vélo-route, n'a eu aucun effet sur moi. Rien à cirer. Au deuxième coup de klaxon, je me tends tout de même un petit peu. Je viens d'accomplir un exploit, mec, laisse-moi passer... Lorsqu'il hurle mon prénom par la fenêtre de sa voiture, ça change tout. Connaissance, parler, dire comment ça va et, surtout, que ça ne va pas. Faire la causette, quoi.

Julien. Ah ben ça alors. Mon pote Julien de Première S au lycée Pasteur, que je n'ai pas revu depuis... vingt-huit ans. Petit coup de vieux, au passage.

Assis sur le capot de sa Polo flambant neuve, nous voilà partis pour résumer trois décennies de boulot, chacun à notre tour. Je me sens comme un bonhomme de neige assis sur un radiateur. C'est le pire moment pour des retrouvailles. Je suis en short et coupe-vent, je pue, j'ai la tête d'un gars qui vient de faire son premier AVC.

Lorsque j'explique à Julien ce que je viens de réaliser, il voit très bien de quoi je parle. « Tu viens de faire ta sortie longue, là, tout de suite ? » Il se marre.

Eh oui, ma sortie longue, là, tout de suite.

J'ajoute, à la fois fataliste et effrayé : « Là normalement, je devrais encore courir seize kilomètres... » Julien regarde ma tronche et rit de plus belle, ce qui me donne une idée assez précise de mon allure générale. Et cette certitude absolue : seize kilomètres de plus, aujourd'hui, ce serait impossible.

*

Moustache n'a eu aucun reproche à me faire. Je me suis surpris d'être arrivé au bout de la préparation sans manquer aucune séance et en terminant toujours les distances. Ce n'était pas gagné, je n'ai pas un mental d'acier. Je ne suis pas comme ces types capables de repousser leurs limites physiques, de faire un *Ironman*, l'UTMB [2] ou je ne sais quoi. J'ai de la volonté, je peux aussi faire preuve d'acharnement (comme tout auteur qui réussit à se faire publier), mais dans le sport, non. Si c'est au-delà de mes forces, je ne repousse pas les limites, je m'avoue vaincu et j'arrête. Parce que je m'en fous d'y arriver ou pas. Et c'est normal, c'est moi le type normal.

Comment ai-je pu tenir quatre mois alors que, côté armes psychologiques, je me situe au niveau du cure-dent ? J'ai fini par éclaircir ce mystère. La réponse va probablement faire hurler de rire mes parents, qui ont assisté, médusés, à vingt ans d'échec scolaire. Pourtant, si je suis parvenu à aligner toutes les séances sans broncher, c'est parce que je suis trop scolaire. Dès lors que j'ai choisi un programme d'entraînement, je ne me serais jamais permis d'en modifier une ligne. J'aurais culpabilisé de réduire une distance de quelques kilomètres, je me serais détesté d'écourter une sortie.

---

2. UTMB : Ultra-Trail du Mont-Blanc, une course de 171 kilomètres qui fait le tour du Mont-Blanc.

Je n'ai pas de volonté, j'ai de la scolarité.

Cette révélation, d'apparence anodine, a été pour moi une grande leçon d'humilité. J'ai fatalement trouvé une résonance avec le peuple coréen, un point commun, d'un coup évident : la soumission. C'est sûr, j'ai choisi mon carcan, à la différence des Coréens qui, eux, n'ont pas le choix de l'adhésion. Pour eux, c'est la vie ou la mort. Mais, mis en situation de dominé comme je l'ai été, dominé par ce psychopathe de Moustache, je m'écrase, j'accepte, je me transforme en mon propre collabo.

J'ai eu cette révélation quelques jours avant de partir.

Je vais me rendre là-bas avec ce shoot d'humilité : je ne suis pas plus malin, plus rebelle ou plus je ne sais quoi que les Coréens du Nord. Placé en situation de soumission, je la ferme.

## 7

## L'heure du roi

JE SUIS FOU AMOUREUX de la France. Patriote, nationaliste, allez-y, mettez tout. Je ne parle pas des grands œuvres, des monuments, du passé glorieux – ou pas, d'ailleurs. Je parle de vivre dans ce pays. Je parle des dizaines de façons différentes d'être Français, à Saint-Nazaire, à Arras, à Lamballe, à Mauves-sur-Loire, à Pau, à Salon-de-Provence, à Marseille bien sûr, à Penmarch ou à Annecy. Bientôt cinquante ans que je pratique et je ne me verrais pas vivre ailleurs. Partir en vacances à l'étranger, oui. Mais y vivre, non. Vivre, c'est ici. On n'est jamais content, on gueule sur tout, on est arrogant, on est fier de notre bouffe et de notre langue, et alors ? Les Anglais ne sont pas arrogants ? Les Hollandais, les Belges ?

C'est tellement bon de vivre en France. Avouez.

Les pays sont en compétition, depuis toujours. Quand les temps sont durs, on fait des guerres mondiales, quand ils sont radieux, des coupes du monde.

J'ai entendu récemment un invité, sur France Culture[3], dire en plaisantant que pour une épopée, il faut être plusieurs. Et d'ajouter que de nos jours, le sport remplace l'épopée. Pour conclure, il faisait remarquer que le plus grand quotidien sportif français, *L'Équipe*, était une anagramme d'Épique.

Que dire de plus ?

Je suis transcendé à chaque coupe du monde de foot. Un je-ne-sais-quoi me traverse et c'est mon pays, tout mon pays. On m'objectera mille arguments raisonnables et pertinents, on me rabâchera les derniers mots de Mitterrand au Parlement européen : « Le nationalisme, c'est la guerre. » Je sais. Je sais tout ça. Mais je n'y peux rien. Le cœur ne réfléchit pas. Quand je pense à la France, je me sens ensemble. On n'est jamais citoyen du monde, ce sont des conneries. On est citoyen de sa langue maternelle.

Je suis gonflé de la France.

Je suis entier de la France.

Et entendre la Marseillaise ne me laisse jamais indifférent.

*

Au Marathon de Pyongyang, arborer le drapeau d'une nation étrangère est strictement interdit. Le moindre

3. Thierry Pech, émission *L'Esprit public* du 19 mai 2019.

signe qui renvoie à un autre pays que la Corée du Nord est banni. C'est non négociable.

J'ai un peu réfléchi à comment être Français, là-bas. Le montrer, l'afficher.

En préparant ce voyage, j'ai repensé au roman *L'Heure du roi*, de Boris Khazanov. Un royaume imaginaire – avec à sa tête le non moins imaginaire roi Cédric X – est envahi et contrôlé par les armées du III^e^ Reich. Le roi parade chaque matin dans la capitale, à cheval, pour saluer son peuple. Il effectue la même promenade, faisant fi des horreurs que prépare la puissance ennemie sur son sol. Et puis c'est l'exigence de trop : les Juifs doivent porter une étoile jaune. Le vieux roi, qui a été complètement inconsistant tout au long du roman, prépare sa sortie. Accompagné de son épouse, il part en promenade comme tous les matins de son règne, sans exception. Mais à pied, cette fois, et une étoile jaune cousue sur son manteau. Être libre est une chose, être capable de l'affirmer en est une autre.

Et si j'étais Cédric X ? Si j'arborais un drapeau français sur ma poitrine, en plein Pyongyang ? On verra bien, et nique sa mère le régime ! L'aspect puéril de l'entreprise m'a rapidement sauté aux yeux. Quant à comparer le sort des Juifs à un caprice de petit Français au pays des Kim, n'en parlons même pas. On se calme. Tu ne porteras pas les deux étoiles des deux coupes du monde de foot sur ton T-shirt. Tu ne porteras pas de bleu-blanc-rouge.

Quelle différence entre Cédric X et moi ?

Sa liberté, pour perdurer, se doit d'être affirmée. Tue, elle est tuée. Tandis que ma liberté est indexée sur un enjeu de pacotille, dont elle sortira indemne, quoi qu'il arrive.

Toujours est-il que je suis bien placé pour comprendre l'amour de la patrie chez les autres. Et les Coréens ont un gros penchant pour le patriotisme, compréhensible, après soixante-six ans d'ostracisme. Ils sont fous de leur pays et ça se respecte.

C'est chez eux.

D'accord, j'y vais le drapeau en berne, ou plutôt : en sourdine.

## 8

## Administratif

Chaque fois que la Corée du Nord fait parler d'elle, soit parce qu'elle lance un énième missile, soit parce que ce chien de Trump écrit un tweet, Juliette Morillot fait le tour des émissions de TV ou de radio. *C dans l'air*, *L'Info du vrai*, les JT des chaînes d'info en continu, elle est partout. Et pour cause. « Juliette Morillot est spécialiste de la péninsule coréenne, où elle se rend régulièrement depuis le début des années quatre-vingt. » C'est ainsi qu'elle est présentée sur la quatrième de couverture de son dernier essai, coécrit avec Dorian Malovic. Aussitôt que je l'entends parler de la Corée du Nord, je la trouve brillante. Sans se faire l'avocate du diable, elle relativise, elle contextualise.

Juliette Morillot est donc la première personne que j'ai contactée. Un petit mot dans lequel je lui explique mon projet, et cette question : « Votre premier conseil est-il de ne surtout pas y aller ? » La réponse a été à la fois rapide et limpide : « Vous pouvez vous y rendre en toute sécurité. » Cela m'a suffi.

Dès lors, quand ma femme m'avouait avoir peur pour moi, je lui rappelais ce message de la spécialiste, insistant sur le « en toute sécurité ». C'était ma caution, mon permis. Ça me rassurait moi-même, je dois le dire. Tout comme de m'apercevoir à quel point il est facile de se rendre dans ce pays. Si vous n'êtes ni Américain, ni Coréen du Sud, ni Malaisien. Les photographes professionnels et les journalistes ne sont pas les bienvenus non plus. En dehors de ça, c'est open bar.

Lors des premiers échanges que j'ai eus avec l'agence de voyages basée à Pékin, j'ai insisté sur un détail : à partir de quand serais-je assuré d'obtenir mon visa nord-coréen ? Le séjour est annoncé à mille neuf cents euros, au départ de Pékin, auquel il faut ajouter le prix du vol Lyon-Pékin, dans les cinq cents euros. Et encore les cent vingt-six euros pour le visa chinois. Avant de payer en ligne, j'ai envie d'être sûr qu'on ne va pas m'éjecter au dernier moment parce qu'un de leurs hackers m'a *googlelisé* et a découvert que je suis écrivain.

Brian, mon interlocuteur, ne comprenait pas mes craintes. C'était pourtant simple, je voulais être certain de ne pas être refoulé ! En même temps, trop insister aurait paru louche. Dans son dernier message, il a en tout cas été on ne peut plus clair : « À partir du moment où vous payez, vous partez. »

Clémentine a eu les mêmes craintes, et elles se sont avérées tout aussi injustifiées. Pourtant, quand on tape son nom dans un moteur de recherche, le mot journaliste apparaît assez rapidement. Préférant jouer la transparence, à raison selon moi, elle a écrit à Brian pour clarifier la situation : plus que journaliste, elle est consultante, critique et chroniqueuse littéraire. Brian, nullement inquiet, a répondu qu'il allait le préciser aux autorités nord-coréennes, mais que d'après lui, cela ne poserait aucun problème.

Il avait vu juste.

Côté français, j'ai écrit au ministère des Affaires étrangères pour signaler ma future présence chez Kim Jong-un. J'en ai profité pour demander si l'État français me déconseillait ce séjour. La réponse m'a étonné. On m'a écrit qu'officiellement, la France déconseillait vivement à ses ressortissants de jouer les touristes en Corée du Nord, n'y ayant aucune représentation officielle. Pas d'ambassade. Mais c'est tout. Une dernière recommandation : prévoir une assurance rapatriement. Le message se terminait sur une phrase type rappelant que, pour finir, je pouvais faire ce que je voulais. Démerde-toi avec ça. Ce que j'ai compris, moi, et je pense avoir raison, c'est que le ministère se doit de répondre par écrit qu'il est préférable de ne pas y aller, mais que ça ne risque pas grand-chose.

Tout ce petit monde m'encourageait donc à partir là-bas sans la moindre crainte. J'ai toutefois entendu un son de cloche différent. Et d'autant plus crédible qu'il venait des Chinois. Quand un Chinois, une Chinoise en l'occurrence, vous fait comprendre que ça craint, vous vous raidissez. C'est l'autorité suprême du « ça craint », la Chine. Ils s'y connaissent plutôt pas mal en austérité.

Et ils ne m'ont pas dit de ne pas y aller. C'était pire.

Bureau des visas chinois, à Lyon. Je rends mon dossier parfaitement rempli et annonce, presque fier, que c'est pour un transit. Destination Corée du Nord. « Vous voulez dire Corée du Sud ? » Non, Corée du Nord. La dame me re-reprend : « La Corée du Sud. » J'insiste : « Pyongyang, au Nord. » Ses yeux s'arrondissent, elle me dévisage comme si j'étais fou. Je ne suis pas du tout fan de son expression. Elle traite mon dossier, renfrognée, comme si être agréable avec un futur prisonnier politique pouvait lui porter malheur. Là, dans ce bureau sans âme du quartier de La Part-Dieu, c'est la première fois que je réalise à quel point le périple pourrait être dangereux. Une forme de naïveté m'en avait jusque-là préservé. Cette idée que, étant Français, il ne pourrait rien m'arriver de grave. Aucun pays n'osera s'en prendre à un touriste lyonnais, si ?

Une seconde alerte tombe, bien pourrie celle-là. C'est un mail d'un grand reporter de Canal+. Il avait été question que, pour un documentaire, il suive quelques Français inscrits au marathon. Raté. Le groupe Canal refuse de l'envoyer en Corée du Nord pour des raisons de sécurité. Là, ça ne sent vraiment pas bon. Chez Alstom, je me suis occupé durant des années des billets d'avion, passeports et visas de nos techniciens les plus spécialisés, les exports. Ces types parcouraient le monde, semaine après semaine, avec le *jet-lag* comme seconde peau. Et peu de pays leur étaient inaccessibles. Mais je me souviens que la Corée du Nord en faisait partie.

Alstom et Canal+, ce ne sont pas des petites PME de Haute-Saône.

Si elles indiquent un problème de sécurité, ce n'est pas par principe de précaution. Alstom qui refuse un chantier, et donc de l'argent ? Canal qui refuse de produire un documentaire original et décalé ? Je n'en parle pas à mon entourage. Depuis des semaines, je passe mon temps à minimiser le danger, arguant que la Corée du Nord est dans une phase de redorage de blason et que cela passe, entre autres, par le tourisme. Je suis parvenu à convaincre mes parents, ma femme, mes potes – et surtout moi-même – que c'était cool. Vous voulez que je vous relise le message de Juliette Morillot ?

Je ne m'ouvre à personne de mes craintes soudaines. Pas envie d'entendre pérorer les champions du monde du je-te-l'avais-bien-dit. Je pars dans moins de deux semaines et j'ai peur, oui, ça y est. L'échéance approche, forcément, tout devient réel. Je repense à la littérature et au cinéma d'espionnage que j'affectionne tant. Les héros coincés derrière des lignes ennemies, entre fantasme et hantise. C'est mon tour, avec comme seules armes, pour me défendre, un cuissard moulant, des gels énergétiques au citron et Bob Marley dans une *playlist*.

Et tout le monde de me balancer la même vanne : « Fais gaffe qu'ils te gardent pas là-bas. » Je souris, je ne ris pas. Je relis pour me détendre la BD de Guy Delisle, sobrement intitulée *Pyongyang*. Le lecteur que je suis la trouve hilarante ; le type qui va y aller beaucoup moins.

Je revois Marin, un copain auteur, lui-même coureur de grandes distances. « Ah ben voilà, t'es affûté mon grand. » La dernière fois que nous nous sommes vus, j'étais grassouillet. Affûté, moi ? Dans le stress qui monte, j'ai presque oublié l'élément majeur du package, ce foutu marathon. Suis-je assez entraîné ? De toute manière, c'est trop tard maintenant. S'il y a deux choses que je ne peux plus faire, c'est m'entraîner mieux et… tout annuler.

Et puis on y est. Séverine conduit, les filles sont à l'arrière, ma valise dans le coffre.

Je me sens dans la peau d'un client mystère qui va tester un restaurant ou un hôtel. Moi je vais tester la Corée du Nord. Je repense aux directives de l'agence de voyages, réunies dans un document d'une quinzaine de pages, une *not to do list*, pour ainsi dire. Ne pas prendre de militaires en photo, ne pas froisser un journal, ne pas pratiquer de prosélytisme religieux, veiller à bien cadrer les statues des leaders quand on les prend en photo (ne pas les couper), ne pas sortir de l'hôtel sans guide, ne pas marcher seul dans Pyongyang… Et j'en passe.

La dernière recommandation me fait sourire jaune : ne surtout pas emporter le présent document qui récapitule ce qu'il ne faut pas faire. Bref, ça sent la grosse fouille, à l'arrivée. J'ai pris des livres : un bon vieux Laurent Chalumeau, *Cartel*, le pavé de Don Winslow, et enfin *Vie et Destin* de Vassili Grossman. Un chef-d'œuvre de la littérature soviétique, évidemment censuré en URSS.

La circulation est fluide, dans cinq minutes nous serons à l'aéroport.

Je flippe. Une pensée me traverse l'esprit : faire croire que j'ai perdu mon passeport. Je ne pourrais plus partir, ce ne serait pas totalement de ma faute et certains auraient même la bonté de me plaindre. C'est l'unique solution pour esquiver dignement ce voyage absurde. Tellement facile, aussi simple que de jouer le malade quand on est môme pour éviter une interro, sauf que moi, ça passerait.

Oui, mais non. Comment me regarder dans la glace, après ? Je ne peux pas lancer des projets et me rétracter au dernier moment, de façon fourbe par-dessus le marché. Je suis confronté à cette petite chose qui s'appelle le courage…

Allez, du courage.

Je n'ai pas accompli tout ça pour me dégonfler au dernier moment.

## 9

## Pékin

Les embrassades à l'aéroport de Lyon ont été douloureuses. Séverine a pris sur elle, mais je savais qu'intérieurement, c'était la grosse angoisse. Comme de mon côté le stress montait de plus en plus, je n'ai pas trouvé de mots réconfortants. Mes filles m'ont serré dans leurs bras un peu plus fort que d'habitude. Ce qu'elles voyaient, elles, c'était quinze jours d'absence, rien de plus.

Une ultime fois j'ai pensé que je faisais une connerie. Et si ça partait en vrille, là-bas ? Si Kim et Trump choisissaient ce début avril pour se foutre sur la tronche ? Genre le pays bloqué, la guerre, plus personne n'entre ni ne sort ?

Derniers bisous.

Me voilà parti, la tête bringuebalée entre naïveté et paranoïa, ignorance et fantasme.

Clémentine, que j'ai rejointe à l'aéroport Saint-Exupéry, ne parvient pas à se départir d'un grand sourire, assez communicatif, je dois dire. On dirait une gosse le soir de Noël. Nous enregistrons nos bagages et passons la sécurité. Je traîne Clémentine dans un des magasins *duty free* pour m'acheter un oreiller de voyage en forme de U. Les moins chers sont à vingt euros, les géniaux à quarante. J'hésite et me la joue raisonnable. J'accroche l'oreiller à mon sac à dos, nous nous installons dans un café pour boire une première bière et je m'aperçois que l'oreiller a disparu. Il a dû tomber. Ça commence bien. Je retourne au *duty free*, rien. Je refais le trajet, rien. J'en rachète un et Clémentine se fout de moi : finalement j'aurai acheté l'oreiller pourri au prix du plus cher.

Je ne peux m'empêcher de penser que c'est un mauvais signe.

Et si ce voyage était placé sous l'autorité de la poisse ?

Et si cette histoire d'oreiller n'était que le début d'une série de coups vachards du dieu de la guigne ?

*

À l'aéroport de Pékin, nous passons comme il se doit par la case « empreintes digitales ».

Une rangée de machines nous attend, juste avant le passage des douanes. Je glisse mon passeport sur une plaque de verre et la machine se met à me parler en français, avec cette diction si particulière qu'ont les robots.

Les quatre doigts de la main gauche. Le pouce.

Pareil à droite. Et voilà, je suis fiché. Le gouvernement populaire chinois possède mes dix doigts. Un reçu sort de la machine, sur lequel on peut lire « OK ». La fille des douanes est aussi froide qu'une soupe de concombre. Elle scanne mon passeport et, sur le petit écran devant moi, on me redemande en français-robot de placer les doigts de la main gauche sur une plaque. Je dis à la femme-concombre que je l'ai déjà fait. Agacée, elle me répond un mot que je ne comprends pas, mais qui sonne anglais. Je lui désigne le ticket « OK », la preuve que j'ai donné mes empreintes sans rechigner, et elle répète en s'énervant « *Again !* ». Cette fois je comprends.

Tandis que Clémentine fume sa première clope depuis Paris, je regarde comment c'est, le réel, ici. Ben c'est pareil. Les faciès, la langue et les bâtiments sont autres, mais les gens se déplacent de la même façon. Je m'étais dit la même chose, vingt ans auparavant, à Dakar. Quoiqu'exotique, le réel est identique. Il ne me sidère pas. Je parle du rapport de l'être au monde. C'est comme de conduire deux voitures de marques ou d'époques différentes : au-delà des options, ce ne sont jamais que des voitures.

Le monde change, mais pas la réalité, et ça veut dire que je suis chez moi partout.

*

Un crève-cœur, Pékin. Nous le savions avant de partir, mais quand même, être de passage sans avoir la possibilité de visiter quoi que ce soit, c'est dur. On frôle le snobisme. Un vieux dicton, dont j'ai oublié la provenance, m'a toujours amusé : « On n'est pas là pour être ici. » Ça résume bien notre position.

Cette ville est un monstre aux millions de visages. On se plaint des heures d'affluence dans les métros parisien ou lyonnais ? Ici c'est la noyade. Alors on avance, on tire nos valises de vingt kilos de fringues et de livres, et on avance encore. Au pied d'un escalator bondé, un vieux Chinois est assis sur une chaise en plastique qui semble minuscule. Une marée humaine se déverse à ses côtés et il reste là, les yeux rivés sur le haut des escaliers automatiques. Incapable de définir son rôle, Clémentine déconne, ça doit être le conducteur de l'escalator me dit-elle.

Elle a préparé notre arrivée vachement mieux que moi. Comme *Google Maps* ne fonctionne pas en Chine ni, évidemment, l'appli Plan de nos iPhones, elle a anticipé et imprimé l'itinéraire entre la sortie du métro et notre hôtel, qui serait à un quart d'heure de marche. C'est parti. La foule partout. Les trottoirs ne sont pas adaptés aux roulettes de nos valises, et le temps de feu vert accordé aux piétons est extrêmement réduit. Un compte à rebours s'affiche, de 20 à 0, sauf que ce ne sont pas des secondes. On est sur une cadence qui s'apparente au « Je vais me cacher tu comptes jusqu'à cent ».

Parfois, alors que c'est vert pour nous, un bataillon de mobylettes électriques nous fonce dessus. Les moteurs étant silencieux, le risque de se prendre un scooter dans les jambes existe. Nous optons pour l'option la plus censée : traverser en courant.

Bonne initiative, le plan imprimé, mais on se perd quand même. Nous montrons l'adresse de l'hôtel, écrite en anglais, à une dame d'un certain âge. Autant montrer des hiéroglyphes à un Péruvien. Un homme d'une soixantaine d'années s'arrête spontanément et regarde le papier à son tour : ils nous pointent chacun une direction opposée. C'est là que les valises commencent à être lourdes. Trop de pavés, trop de trottoirs, trop de *mobs* électriques que l'on n'entend pas arriver, trop de monde et trop de bagnoles.

Nous tombons enfin sur la providence : une jeune ! Elle dégaine son smartphone, ouvre l'appli Plan chinoise et localise notre hôtel. Il est là, juste là, à cent mètres. Généreuse, elle écrit le nom en chinois sur un papier, au cas où nous devrions demander à quelqu'un d'autre.

Pas besoin.

Nous constatons, en arrivant à l'hôtel, que nous sommes passés devant tout à l'heure. Nous avions les bonnes infos, mais pas les bons cerveaux. La chambre est géniale, la douche immense, on a des mules en flanelle très douces et une bière d'accueil, que nous buvons dans la chambre de Clémentine. Ce sera la seule nuit de ce séjour où nous avons chacun notre chambre. Oui, bientôt, en Corée du Nord, nous devrons la partager.

*

Olivier est arrivé la veille, de Taïwan, où il a disputé une compétition de XTerra. Normal, avant un marathon… Je tombe sur lui dans le hall. Il est assis sur un canapé, les bras écartés sur le dossier, les jambes croisées, on dirait le parrain d'une mafia locale. Il sourit tellement que sa bouche fait le tour de sa tête. La mienne aussi.

Nous avons dégoté un restaurant dans le quartier, où nous dînons d'une bonne assiette de pâtes et de champignons. Clémentine et Olivier se jaugent. La Parisienne pour qui le sport est une faute de goût, le sportif pour qui le tabac est une aberration, et je te fais des grands sourires, et je te raconte ma vie. Dingue : ils s'apprécient. Si je ne porte pas la chandelle de cette presque amitié, c'est tout de même moi qui gratte l'allumette.

Au bar de l'hôtel, nous prenons une dernière tournée. Une bière chinoise, pour moi. Un whisky sans glace, pour Clémentine. Oui, on boit avant la course. Une façon de considérer que la vie continue, ou une forme d'inconscience, je ne sais pas. Olivier prend un jus de je-ne-sais-quoi. Il ne boit quasiment jamais d'alcool et préfère prendre un jus de pissenlit chaud plutôt qu'une Heineken.

C'est l'occasion de faire un petit point sur ce qui nous attend, à commencer par le trajet entre Pékin et Pyongyang. Clémentine et moi avons choisi l'option train, certains que ce sera déjà une aventure, et désireux de découvrir les paysages. Olivier, plus pressé que nous et peut-être plus rigide sur le confort, a opté pour l'avion. Comme nous comparons les deux formules, une heure trente d'avion à ma droite, vingt-sept heures de train à ma gauche, Olivier se fout de moi et s'interroge : « Vous êtes un peu tarés, non ? »

# 10

## *Briefing*

À 11 HEURES LE LENDEMAIN, *briefing* dans les locaux de l'agence de voyages, à dix minutes à pied de l'hôtel. Le groupe de Brian, avec qui j'ai échangé précédemment, est face à celui de Julia, une Autrichienne qui, si elle semble de prime abord très pince-sans-rire, s'avère surtout blasée. Salariés de l'agence, ils sont tous deux passés des dizaines de fois en Corée du Nord. La routine pour eux.

Nous sommes une vingtaine autour de Julia, dans une salle où des chaises en plastique pliantes ont été disposées. Aux murs, des affiches de propagande sur lesquelles des ouvriers regardent loin devant, leurs femmes, plus petites, les regardent regarder. Question féminisme, c'est zéro pointé. L'esthétique soviétique, version asiatique.

Deux couillons ont préféré s'affaler sur un vieux canapé défoncé, au fond de la salle. C'est Clémentine et moi. Julia se lance. Elle parle trop vite pour mon niveau d'anglais, mais je comprends l'essentiel : elle récite tout ce que nous n'avons pas le droit de faire. Ne jamais prendre en photo un militaire. Ne pas prendre de photos en général, sans avoir demandé au guide si c'était possible. Ne jamais parler de Kim Jong-un. Ni de politique, encore moins de religion. Si vous avez une Bible, brûlez-la. Le plus simple serait de lister ce qui est autorisé : respirer, manger et dormir. Ce qui me rassure malgré tout, c'est le ton emprunté par Julia. On dirait qu'elle a été punie et elle semble beaucoup plus lasse qu'inquiète.

Pour conclure, Julia nous assure que, quelle que soit l'image que nous avons de ce pays, nous serons surpris. Avant de quitter les locaux, elle nous distribue les billets de train qui ont la taille et l'apparence d'un ticket de parking en France. On la rejoindra sur le quai de la gare une heure avant le départ, prévu l'après-midi, et elle ajoute qu'étant tous des baroudeurs, nous n'aurons aucun mal à trouver.

Moi, pas baroudeur.

Moi, pas aimer Julia sur ce coup.

En effet, c'était facile. Trois ou quatre stations de métro sans aucun changement et nous descendons à Beijing Railway Station. Une fois sur le parvis de la gare, je joue ma première scène de je-ne-veux-pas-être-là. De l'agoraphobie. Une crise dont je n'ai jamais été victime, mais qui, ici, prend tout son sens. On se croirait dans une fosse de concert punk. Sauf que les punks en question sont petits, chinois et super-rapides.

Il n'y a ici, semble-t-il, aucune règle citoyenne, pas le moindre civisme. On vous marche dessus, on vous pousse, on s'agace.

Nous avons juste le temps d'acheter de quoi manger en face de la gare, comme l'a préconisé Julia. La prochaine occasion pour s'approvisionner, ce sera dans le train coréen, le lendemain. De retour sur le parvis, nous tentons de comprendre l'accès aux quais. Plusieurs files mènent à des guichets numérotés, où des préposés dans des cabines en verre vérifient les billets. Nous avons trouvé un panneau d'affichage, histoire de savoir dans quelle file s'engager, mais c'est écrit en chinois. Ça m'énerve, je ne dis rien, mais ça m'énerve. Je n'aime pas quand ce n'est pas clair, et là c'est pire que pas clair : c'est du chinois.

Je m'énerve tout seul quand un sauveur potentiel arrive : Guy. C'est un Belge avec qui j'ai échangé quelques mots après le *briefing*. Un Belge, donc, mais Flamand, qui parle français aussi bien que moi flamand. Habitant à Pékin depuis deux ans, il s'impose d'emblée comme le modèle à suivre dans cette jungle. Je l'alpague, lui demande s'il y a une logique dans les différents guichets, il me confirme que non. Il faut entrer, c'est tout. Et jouer des épaules.

Une fois dans le hall principal, ça va un peu mieux. La foule est moins dense. Gery est également arrivé. Autant Guy a l'air d'un type qui aime tracer avec un sac à dos, autant Gery, l'Irlandais, a carrément l'air d'un punk à chien qui a perdu son chien. Il nous demande d'ailleurs si nous pouvons garder son sac, il doit impérativement acheter des clopes et des bières. Nous nous exécutons et Clémentine me glisse : « Je ne suis pas certaine que ce soit une bonne idée de traîner avec ce gars. Il doit être du genre à chasser des Pokémon à Auschwitz. » Je ris. J'approuve. Est-ce que j'ai envie de me coltiner un routard imbibé de bière dans l'un des pays les plus fermés au monde où l'on peut risquer de gros ennuis par simple maladresse ? Pas trop, non. Nous savons, par exemple, que plier un journal sur lequel Kim Jong-un est en photo représente un manque de respect. Gery nous semble le genre de type à emballer des champignons hallucinogènes dans n'importe quelle feuille de journal. Et Clémentine d'ajouter, philosophe : « On ne va pas se tirer les cartes entre Gitans : je préfère esquiver les routards. »

À 17 heures 30 tapantes, nous sommes dans notre wagon. Compartiments couchettes, trois de chaque côté. Je suis en bas à gauche, Clémentine au-dessus de moi. Julia est en bas à droite, en face de moi. Au-dessus d'elle, un Chinois enlève ses chaussures, s'allonge et ronfle assez vite. Les deux couchettes du haut sont occupées par un couple de notre groupe, des Danois de vingt-cinq ans, sérieux, genre écolo, tourisme équitable et très peu d'alcool. Ce sont Liv et Jacob.

Alors que nous cherchons – et trouvons – un robinet d'eau chaude pour nos bols de pâtes, nous constatons qu'il n'y a pas de papier dans les toilettes. Mieux vaut éviter tout problème de transit ici. Je répète : IL NE

FAUT PAS avoir de problème de transit ici. Afin de maintenir la chaleur, le temps que les pâtes se gorgent d'eau, je pose sur le couvercle le bouquin de Laurent Chalumeau. S'il savait…

Un employé passe avec un gros chariot à roulettes rempli de bouffe, de clopes et… de canettes de bière. J'en prends quatre, qui vont doucement nous allumer la tête. C'est la première fois que nous nous posons réellement, la bière est bonne, les six Espagnols du groupe font la fête dans le couloir et éclatent de rire toutes les dix secondes, ils nous passent une bouteille d'alcool de riz, ça trinque, ça clope. Nos quatre canettes deviennent huit, parce que le type passe et repasse. Est-ce malin l'avant-veille d'un marathon ? La réponse est évidente. Mais baste !

Julia, qui est jusque-là restée bloquée sur son bouquin, a un petit côté je suis là pour le boulot qui agace. Je parviens à engager une courte conversation qui m'apprend qu'elle vit depuis deux ans à Pékin. Pyongyang ? Ce sera son trente-cinquième séjour dans la capitale nord-coréenne. Je comprends mieux son manque d'entrain. Je suis inquiet de l'accueil en Corée et Julia ne me rassure pas vraiment. Parfois ils sont avenants, autant qu'un douanier nord-coréen peut l'être ; parfois ils sont austères et vident toutes les valises.

À 22 heures, les lumières du wagon s'éteignent.

Fin de la teuf catalane, fin de la discussion avec Julia, fin de la lecture.

Demain, c'est la Corée.

## 11

## *French french french…*

PREMIÈRE VILLE FRONTALIÈRE entre la Chine et la Corée du Nord, Dandong est une petite zone urbaine d'un peu moins de huit cent mille habitants, au nord-est de la Chine. C'est là que nous changerons de train, mais avant d'embarquer nous avons une heure à tuer : le temps de faire un tour en ville.

Brian et Julia, qui ont effectué ce périple des centaines de fois, resteront à la gare. Ils nous expliquent comment rejoindre le fleuve Yalou, frontière naturelle entre les deux pays, après quoi ils se ruent sur leurs portables pour glandouiller sur les réseaux sociaux. On se sent comme des évadés d'Alcatraz. On fonce à l'extérieur, tels des touristes abrutis par la promesse de l'exotisme, du parfait paysage à mettre dans la boîte de nos téléphones.

Clémentine est d'accord avec moi. Aller là où le guide nous dit d'aller, prendre la photo qu'il nous enjoint de prendre, tout cela nous titille très vite le libre arbitre. Nous nous exécutons puisque, de l'autre côté du fleuve, c'est le but de notre voyage. La *target*. Nous nous enfilons donc dans une artère, manquons de nous prendre dans les jambes des scooters électriques silencieux, courons pour traverser les avenues et arrivons sains, saufs et fatigués sur la rive du Yalou qu'enjambent deux ponts ferroviaires. L'un est en partie détruit, bombardé par les Américains en 1953. Il reste là, à côté d'un autre pont qui, lui, relie bien les deux pays. Des jumeaux, dont l'un est mort. Un peu à l'image des deux pays : l'un est vivant, l'autre non.

Sur le quai réservé aux piétons, des dizaines d'échoppes vendent des babioles. Des photographes proposent de nous *shooter* pour pas cher, ils louent même des habits traditionnels si on veut faire couleur locale.

Ville touristique, Dandong accueille surtout des hommes d'affaires chinois impatients d'assister à l'ouverture du marché nord-coréen. Les travailleurs nord-coréens sont légion, quand ils ne sont pas tenus de rester dans leur pays, au gré des engueulades et des réconciliations entre Kim Jong-un et Donald Trump.

Je regarde au loin, je scrute l'autre berge. La Corée du Nord !

Je ne vois rien, évidemment. Quelques bâtiments, un gigantesque immeuble rond en construction, deux paquebots aux allures de ruines et des grues. Sinon, rien, c'est trop loin.

On scotche un bon quart d'heure, comme quand vous êtes au funérarium et que vous dévisagez bêtement Mamie Colette. Parce qu'elle va bouger, ça n'est pas possible autrement. Et non. Elle ne bouge pas, la Colette : elle ne bougera plus jamais.

À la douane, les affaires sérieuses commencent. Nous sommes encore en Chine, mais il y a de la tension : cet endroit du monde n'est pas tranquille. Deux cents personnes attendent avec nous.

Un groupe de jeunes filles, âgées de quinze ans à tout casser, accompagnées par deux hommes d'une trentaine d'années, passe en priorité. Les gamines sont amusées, voire hystériques. Je crois qu'elles se marrent parce que les Occidentaux que nous sommes sont très laids, de leur point de vue. Il y a notamment deux Canadiens qui mesurent deux mètres et quelques Néo-Zélandais aux allures de Vikings. Et puis nous avons tous de grands nez.

Je me plante devant le douanier chinois, enfermé dans sa guitoune. Il m'ordonne de fixer la caméra tandis qu'il scrute le moniteur couplé, de son côté. Est-ce qu'il dispose d'un logiciel de reconnaissance faciale ou est-ce que, sérieusement, il me mate sur l'écran au lieu de me regarder en vrai, là, devant lui ? Quoi qu'il en soit, il me reconnaît et tire sa tête de douanier stoïque, comme dans n'importe quel pays au monde.

Une fois passée cette ultime barrière, je suis aux aguets. L'impression à la fois grisante et palpitante de changer de monde, de quitter celui que je connais pour entrer dans celui des Kim où, comme l'a dit Julia, nous serons forcément surpris.

Les gamines de tout à l'heure font la queue devant leur wagon. Elles sont en file indienne, pas une couette qui dépasse. Je ne peux m'empêcher de sourire en observant le tas informe que nous sommes. On se croirait à la station Châtelet-Les Halles. J'ai tendance à préférer leur méthode, ce côté un peu psychorigide, militaire, bien rangé.

Nous sommes dans un wagon similaire à celui de la veille. Chacun glisse sa valise sous les couchettes du bas, sauf moi. Je n'ai pas de valise, mais un énorme sac de sport, de ceux qu'ont les joueurs de hockey sur glace. Et il ne passe pas en dessous des lits. D'autres compartiments à bagage sont à disposition dans le couloir, en hauteur. Et quand je dis en hauteur, je ne plaisante pas : ils sont à plus de deux mètres cinquante du sol. Je monte à l'échelle et, aidé par les géants canadiens, je hisse mon sac.

Le train part.

Et s'arrête à la gare suivante. Je ne saurais dire au bout de combien de temps, mais le trajet fut bref. On y est. Les douaniers de Kim Jong-un vont monter et ça va moins rigoler. Julia arrive et nous donne des instructions : nous devons tous nous asseoir sur les couchettes du bas, chacun dans son compartiment. Nous obéissons sans tarder et sans dire un mot. Des enfants. Très sages, les enfants…

Ils arrivent à trois, uniforme, casquette, la broche rouge en forme de drapeau avec les visages de Kim Il-sung et de Kim Jong-il au revers de la veste. L'un d'eux se plante devant moi, si bien que je me retrouve nez à nez avec les faces des deux Kim morts : ils sourient trop bien. Champions du monde de la brosse à dents. Il ne leur manque que la parole.

Les douaniers distribuent des feuilles à remplir, sans dire un mot. Ils tirent la gueule, eux. Commence alors le bal du t'as-un-stylo-s'te-plaît ? sous le regard noir du type en uniforme. C'est vite le bordel, avec des Bic qui ne fonctionnent pas, des cases à renseigner qui ne sont pas claires et le numéro de visa qui nous est demandé alors que nous ne l'avons pas encore.

Un piège ?

Début de fous rires, instinctivement réprimés, car mal venus. La feuille : concentrons-nous sur la feuille. Nous devons indiquer le nombre de téléphones, d'appareils photo et/ou de caméras en notre possession et déclarer le nombre de livres.

Ces informations ne semblent pas capitales puisque le gars chargé de notre compartiment nous arrache les feuilles des mains avant que nous ayons terminé de les remplir. Après quoi il vire de la couchette les trois d'en face pour s'asseoir à leur place. Il nous regarde et, comme dans un mauvais film, me désigne du doigt. *Moi ? Putain... Mais je suis le seul à porter une chemise !* Oui : moi. Il veut voir ma valise. Je me lève et croise le regard de Liv, la Danoise, qui sourit. Faut que j'aille chercher mon sac de vingt kilos, là-haut. En haut de l'échelle, j'attrape le sac, tente de le laisser glisser, mais il tombe sur le sol. Son poids m'entraîne dans la chute, je me ramasse par terre et me ruine le dos. Le douanier, qui me voit galérer, éclate de rire. Il m'aide à porter le sac, ouvre la poche supérieure, en sort ma trousse de toilette et mes livres, dont il regarde les couvertures. Il s'attarde sur le bouquin de Chalumeau, le repose, rigole encore un coup, me tape dans le dos amicalement et me dit de remballer.

Et c'est tout.

Nous n'avons qu'à moitié rempli nos fiches, le type a déliré à cause de mon sac démesuré, il n'a ouvert aucune autre valise et il est passé au compartiment suivant. Nous avons tous pu garder nos téléphones, tablettes, appareils photo ou caméras.

L'un des géants canadiens regarde les bouquins que je suis en train de ranger et soupire : « *French french french*… » L'air de dire, ceux-là, ils nous les feront toutes. Il a un air supérieur qui m'agace. Je me dis tout bas : « Ça veut dire quoi *french french french* espèce de grand *teubé* ? On est des rêveurs parce qu'on lit ? Et toi t'es un mec dans l'action, à l'américaine ? Tu te crois plus malin peut-être ? On réglera ça pendant la course… »

*

Les douaniers ont déserté les lieux, mais d'autres uniformes les ont remplacés, sur le quai. Deux filles, déguisées en hôtesses de l'air, ont installé un chariot à roulettes plein de cochonneries à grignoter. Nous sommes tous sortis du train pour leur fondre dessus et transformer la gare de Sinuiju en joyeux bordel.

D'un côté des locaux, Chinois et/ou Nord-Coréens.

De l'autre, les visiteurs étrangers. Et l'argent. Albert, l'un des Catalans, achète six bières pour ses potes. Alors qu'il commence à compter ses yuans, la fille qui tient la caisse lui annonce que les dollars US, ce sera très bien aussi. Des euros ? Vas-y : balance. Et c'est la ruée. Des types arborant la broche du Parti sont là, ils regardent, ils se marrent.

J'achète deux bières d'ici. Des bouteilles en verre de 640 millilitres, qui affichent 11°. *Ouch*... Nous goûtons : ça va. Les 11° ne correspondent apparemment pas à l'alcool. C'est une bonne bière de riz, loin certainement des critères des grands amateurs de bières que sont les Ch'tis, les Belges ou les Écossais, mais ça me va.

Ce fut ma première interaction avec le peuple coréen.

Le train est reparti, pour de bon cette fois. Prochain arrêt, le terminus, Pyongyang.

Installé sur une banquette du wagon-restaurant, des baguettes à la main, je pioche dans une demi-douzaine de petites assiettes, des tapas version coréenne. Du chou mariné et épicé, appelé *kimchi*, grande spécialité locale, du poisson frit, du canard, du riz, des pâtes. À côté de nous, six militaires boivent, parlent fort, et taquinent la serveuse qui les remet à leur place sans prendre de gant. Des militaires, quoi. Ils se foutent royalement de notre présence. Leurs uniformes semblent de très mauvaise qualité et sont incroyablement sales. À ma droite, le paysage défile : des terres arides et une végétation composée d'arbres sans feuille. Pas de vert, que du marron et du gris, de la terre sans herbe et des cailloux. Quelques cours d'eau : à sec. Quelques paysans : à sec aussi. Le plus surprenant, ce sont ces individus assis au milieu de champs où rien ne pousse, un outil à la main, qui grattent la terre. Isolés et perdus au milieu de nulle part. Et l'éternelle question : comment est-il arrivé là, lui ?

Nous assistons à un spectacle de désolation comme je n'en ai jamais vu. Des pierres blanches sont disposées autour des troncs d'arbre, qui semblent morts. C'est le plus frappant : il n'y a aucune feuille, alors que la température dépasse les dix degrés. Nous sommes au mois d'avril, mais le paysage est celui d'un mois de décembre. Des rizières, des chemins de terre, et toujours ces cailloux blancs autour du moindre arbuste, parfois une ligne électrique et chétive qui fend l'air. Aux abords d'un village, des gamins hilares nous font des grands coucous, et puis à nouveau plus rien, sur des kilomètres. Cinq chèvres aux os saillants, un paysan assis en tailleur, à nouveau des gamins, des collines nues.

Abel Meiers, un ingénieur agronome qui a vécu en Corée du Nord une année, m'a expliqué ce décor lunaire. Pour commencer, le climat est extrêmement rude, la température descend jusqu'à – 30 degrés l'hiver et grimpe autour de + 40 l'été. À cela s'ajoutent des problèmes agricoles structurels, comme les pluies erratiques : de longues périodes sans une goutte d'eau sont subitement interrompues par des trombes qui lessivent les sols, d'autant plus fortement qu'une grande partie du pays a été déboisée. Les racines ne s'enfoncent plus dans la terre. Les sols sont érodés. Mais pourquoi avoir tant déboisé ? Pendant la famine des années 1990, la population coupait les arbres pour se chauffer et mélangeait de la sciure à la farine pour tromper la faim.

Avec le printemps la nature explose, et tout redevient vert. Nous arrivons trop tôt. J'ai peine à croire que ce désert puisse devenir luxuriant, d'un coup. L'impression qui se dégage est celle d'un pays meurtri.

## 12

## Dormir…

NOUS AVONS QUITTÉ PÉKIN il y a vingt-sept heures et entrons enfin dans Pyongyang.

Le contraste avec les cent soixante kilomètres de campagne depuis Dandong est saisissant. Deux cents ans d'écart. Au sortir de la gare, le quartier laisse à penser que nous sommes dans une capitale bâtie sur le modèle de toutes les riches villes d'Europe. Les inscriptions sur la façade de la gare sont en lettres lumineuses, une trentaine de taxis en excellent état attendent, phares allumés. Des bus, qui ne dépareraient pas sur une autoroute française, sont stationnés. Comment sait-on que nous sommes arrivés ? Facile : deux portraits géants nous fixent du regard.

Kim Il-sung, le fondateur de la Corée du Nord version moderne, grand-père de Kim Jong-un, et son fils Kim Jong-il, qui a poursuivi son œuvre. Accrochés au fronton de la gare, ils sont tellement souriants qu'ils ont trop de dents. Le grand-père porte un costume et une cravate noire, le rejeton une chemise kaki au col ouvert. Le grand-père est distingué, le fils presque ringard.

Un bus, normal lui aussi, nous attend.

Julia prend le micro pour nous expliquer rapidement le programme : visite de la ville en car, en suivant le début du parcours du marathon. Nous passons devant le stade Kim Il-sung, lieu de départ et d'arrivée de la course. Un peu plus loin, j'aperçois une longue descente… qu'il faudra remonter à la fin de la course. Car il ne s'agit pas d'une boucle, mais bien d'un aller-retour. Après un peu plus de quarante kilomètres, je sais que je n'apprécierai pas plus que ça. Et soudain, la panique… elle va me tuer, cette montée, là ! Est-ce qu'au moins j'arriverai jusque-là ? Le départ est demain matin à 9 heures. Dans quel état serai-je, hein, après une petite trentaine d'heures de train ?

Le bus poursuit son tour. Il fait nuit, j'abandonne l'espoir de visualiser la suite du parcours. On avisera. À la fin ça va monter, ça me suffit comme info pourrie.

Je regarde les immeubles sur la grande avenue du dernier quartier en date sorti de terre en une année à peine, et je suis à la fois séduit et intrigué. Séduit par ce building réservé aux scientifiques, ingénieurs ou professeurs d'université. Une tour d'une cinquantaine d'étages qui reproduit la forme des orbites des électrons tournant autour d'un noyau d'atome. On dirait une fleur et ses pétales. La couleur est d'un bleu pastel dont on ignore si elle est voulue ou si la peinture est de si mauvaise qualité que les rayons du soleil l'ont délavée. Une question me laisse perplexe, vu que tous les murs sont arrondis, comment est le mobilier ?

Et intrigué, car j'ai la désagréable sensation de me retrouver dans un épisode de la vieille série *La Quatrième dimension*, quand il n'arrive que des trucs *chelous* à des Américains des années 1960 plutôt cool et anticommunistes. Ce qui est étrange, c'est ce calme, une espèce de déroute tranquille, de scène postapocalyptique d'une ville où les immeubles seraient demeurés intacts. Il n'y a aucune lumière aux centaines de fenêtres du super-HLM atomique, alors qu'il n'est pas tout à fait 22 heures. Dans les rues, ou plutôt les avenues, assez larges pour des défilés militaires, très peu de voitures, voire pas du tout.

Pyongyang a des allures de ville morte.

Nous passons à proximité de l'hôtel Ryugyong, une pyramide majestueuse de trois cents mètres de haut. La façade est entièrement illuminée, le drapeau national clignote au sommet tandis que des rivières orange et jaune coulent jusqu'en bas. Franchement, c'est Las Vegas. À ceci près que c'est un hôtel fantôme. Le chantier de la structure a été commencé à la fin des années 1980, il a été abandonné et repris de nombreuses fois, et l'intérieur n'a tout bonnement jamais été achevé. C'est le plus grand hôtel vide au monde. Mais putain : quel panache !

Et puis voici notre hôtel, le Yanggakdo, sur l'île de Yanggak, au milieu du fleuve Taedong et au cœur de la ville. Moins impressionnant que le Ryugyong, il a tout de même un avantage : il est habité. Il est vivant. Et puis quand je dis moins impressionnant, il ne faut pas m'écouter. Le Yanggakdo culmine à cent soixante-dix mètres, il a quarante-sept étages et, au dernier, un restaurant panoramique. Oui : il tourne.

Le hall est immense. Seuls deux des huit ascenseurs fonctionnent. Heureusement pour le spectacle, ce sont ceux qui donnent sur l'extérieur. Les colonnes qui les abritent sont en verre. La vue sur Pyongyang, ses immeubles fades et ses lumières mortes, est dingue. À nos pieds, une autre vue, plus flippante : un écart entre la cabine et les portes donne sur la colonne d'ascenseur. J'avoue qu'en regardant en bas depuis le vingt-septième étage – le nôtre –, le vertige se rappelle à moi.

La chambre, rien à dire. Parfaite. Nos petits lits 90, une table et deux fauteuils confortables, une baignoire, des w.-c. dignes de ce nom, bref : une chambre d'hôtel alignée sur les standards internationaux. Enfin, un détail tout de même, on n'est pas sûrs d'avoir de l'eau chaude. Le soir, ce n'est pas systématique. Pour l'instant, ma préoccupation principale est ailleurs. Ce qui m'inquiète, en plus du repas, c'est de savoir si et quand je pourrai dormir.

J'ai trente heures de train couchette dans le ventre.

Avec le décalage, mon corps croit encore qu'il est 15 heures, si bien que je suis à la fois éclaté de fatigue et incapable de m'endormir. Il le faudrait, pourtant. Demain, j'ai marathon.

Au rez-de-chaussée, la salle de restaurant ressemble à une salle de mariage qu'aurait décorée le Michel Serrault de *La Cage aux folles*. La hauteur sous plafond, je ne saurais dire. Les murs ? Rose. Rose pute, pour être précis. D'immenses tables rondes, sur lesquelles on tient à dix ou quinze, et munies d'un plateau central tournant. Au buffet, des pâtes, du riz, et quatre ou cinq *chafing dish*, des réchauds contenant du poulet et du canard avec beaucoup, beaucoup de peau.

Je me suis rué sur le *kimchi*, dont je raffole.

Pas de pain : on va s'en passer.

Les baguettes : on s'adapte.

Nous apprenons d'autre part qu'une bouteille de bière pour deux est comprise dans chaque repas. On peut en prendre plus, mais c'est payant. Là, tout de suite, la veille d'un marathon, on va éviter merci.

Juste avant de nous coucher, je rejoins Olivier dans le hall. Il est arrivé à Pyongyang dix heures avant nous en avion. Impeccable. Il a son petit sourire que je connais trop, celui de quand il va se foutre de la gueule de quelqu'un. Et là, c'est pour nous. Il me demande, le plus innocemment du monde, si je pense que c'est une bonne idée de s'imposer un périple de trente heures en train juste avant un marathon, le premier de sa vie, de surcroît.

Que répondre ?

*

Le lendemain matin, la douche, chaude heureusement. Mon corps a la fermeté d'un mollusque. Je laisse la place à Clémentine et je m'habille. Voici le moment tant attendu et… je suis explosé de fatigue. Le cuissard, le haut à manches longues, sur lequel j'épingle mon dossard : numéro 1071. Je m'attarde devant le miroir, me prends en photo tout en me disant que c'est idiot, et puis il faut déjà y aller. Si Moustache pouvait me voir, je ne doute pas une seconde qu'il serait fier de moi.

Dans le salon Michel Serrault, nous avalons autant de pâtes que possible.

Et voilà, on y est, le bus démarre, on traverse Pyongyang. Nous dépassons de véritables marées humaines qui se rendent clairement au même endroit. Tous ces gens qui remueront tout à l'heure à l'unisson des petits drapeaux de couleur dans le stade Kim Il-sung !

Il fait très froid. Personne ne comprend pourquoi on nous a amenés ici si tôt, à 7 heures du matin, alors que le départ est prévu à 9 heures. Cela dit, hors de question de rester dans le car. Nous voulons humer l'air, voir passer ce public, et attendre inutilement, oui. Tant pis. Attendre, c'est déjà le marathon.

Olivier n'est pas arrivé avec nous. Nous n'étions pas dans le même bus. Comme il a opté pour le séjour de trois jours, il n'est pas dans notre groupe. Nous découvrons les joies de la vie et des rancards d'avant l'invention du téléphone portable. Compliqué. La rigidité du voyage organisé couplée à celle du régime politique nous empêche de profiter ensemble. Sauf là. En attendant la course, on fait bien ce qu'on veut.

Jogging, sweat à capuche et coupe-vent sont de rigueur. Une vingtaine de cars sont stationnés devant le stade, ceux de touristes comme nous, et ceux de Coréens qui sont dans le même état d'esprit que nous : excités et souriants.

C'est bon d'être là, de trépigner.

Ça se remplit, se remplit, se remplit…

Et puis on y est. Sur la droite, une arche mène tout droit dans l'enceinte du stade.

C'est par là que nous allons entrer, nous, le groupe des étrangers. Nous sommes huit cents, pour deux mille participants. Sur la pointe des pieds, le cou tendu, pour essayer de voir par-dessus les autres. Voir le stade. Sept mois que j'attends ce moment, quatre que je m'entraîne, j'ai parcouru presque neuf mille kilomètres. L'adrénaline et l'extrême fatigue composent un mélange bizarre. Envie de m'effondrer et d'en découdre en même temps.

Lorsque nous pénétrons enfin dans le stade, je prends la claque de ma vie. Cela n'arrive jamais, d'être applaudi par cinquante mille personnes qui secouent des cônes de papier couleur or. Et je dois me tromper, mais j'ai compris qu'on me disait : « Bienvenue à vous, et merci de venir dans notre pays. » J'en ai les larmes aux yeux. Je repense à plein de souvenirs idiots, je passe en revue mes vieux potes en me disant « Putain s'ils me voyaient ». Je pense à ma sœur, à mes frères. Mes parents, évidemment. Ma femme, mes filles, et pareil : « S'ils me voyaient, tous, là ! »

Nous avons effectué un demi-tour de piste avant de rejoindre chacun notre groupe. Les *Full* marathon, tout devant. Derrière, les *Half*. Et enfin, les dix et les cinq kilomètres.

J'ai omis de préciser un détail : l'arrivée s'effectuera dans le stade, à l'issue d'un tour d'honneur. Cinquante mille personnes applaudiront. C'est la vraie récompense, après quarante-deux kilomètres de course. En revanche, elle n'est offerte qu'à ceux qui terminent l'épreuve en moins de quatre heures. Une cérémonie de clôture est prévue, et s'il y a bien une chose avec laquelle ils ne déconnent pas, les Coréens, ce sont les cérémonies.

Ceux qui finissent après ? Les glands à qui il a fallu plus de quatre heures ?

Pour eux, l'arrivée se fera devant le stade.

L'échec. La misère. Vous n'avez pas droit au tour d'honneur. Autant dire que vous aurez raté votre marathon.

L'heure approche.

Dernières vérifications.

La montre : OK.

La *playlist*, la fameuse, avec Bob Marley en pole position : OK.

Ma flasque de 500 millilitres contenant une boisson au citron : OK.

Ma ceinture de joggeur pleine de poches et de gel énergétique, au citron aussi : OK.

La Chine a pris mes dix doigts, mais là j'ai dix cœurs. Ils battent fort, très fort. Le public est incroyable, j'ai toujours les larmes aux yeux et j'entends le coup de feu qui annonce le départ…

## 13

## Le mur

UNE HORDE DE GAMINS nord-coréens me double. Ils portent tous le même équipement, short et T-shirt bleus. Ils ont entre dix et quinze ans et sont très bien entraînés. Ils sont une bonne centaine. Vu leur allure, je sais qu'ils veulent faire un temps. Vu leur âge, je devine qu'ils doivent prendre part au dix kilomètres, peut-être au semi, pour les plus vieux.

On ne participe pas à la même course, eux et moi.

C'est le jour de leur vie. Le sport est toujours aussi important dans les contrées communistes, et j'imagine que se distinguer par ses aptitudes peut changer le cours d'une existence. De l'héroïsme, voilà ce qui les transcende. Les épopées, les histoires d'un type qui se dépasse et fait honneur aux autres. Mon enjeu, comparé au leur, est nul. Je ne suis pas dans la compétition, je suis dans l'euphorie.

Une foule arpente les rues, mais la fête est feutrée. Les spectateurs, sur les côtés, sont souriants et discrets. Aucune effusion, aucun cri d'encouragement idiot, juste des badauds intrigués et bien éduqués. Des gamins tendent timidement la main et les coureurs tapent gentiment dedans en passant. Ça marche toujours, dans toutes les courses du monde. Le visage des enfants s'illumine autant que si vous étiez un athlète célèbre, alors que bon…

Les deux premiers kilomètres, je suis tourné vers l'extérieur, j'observe, je participe, je tape dans les mains, je souris, bref : je profite. Passé ces dix minutes, il est temps de me recentrer. Ma montre annonce une vitesse de 4 minutes 46 secondes au kilomètre, c'est beaucoup trop rapide. Si je veux finir en moins de quatre heures, je dois courir le kilomètre en 5 minutes et 30 secondes. Pourtant, je n'ai pas l'impression de foncer. Au contraire, c'est exactement la vitesse qui me convient, je n'ai pas mal aux jambes, je souffle calmement, les poumons aussi à l'aise que des pieds dans des mules en flanelle. Toutefois, je me refrène. Je me force à ralentir la cadence et je me sens comme le périph lyonnais quand il est limité à 70 à cause d'un pic de pollution. Je me traîne.

Je crois que la *Run In Lyon* attire plus de dix mille participants. À Pyongyang, nous ne devons pas être plus de deux mille. Et ça change tout. On se retrouve assez vite seul, avec un ou deux coureurs à trois cents mètres devant, quelques poursuivants à deux cents mètres derrière. C'est bien, et c'est mal. C'est bien parce qu'on n'est pas influencé par d'autres coureurs, on n'est pas tenté de suivre la cadence d'un groupe voisin. Et c'est mal, parce qu'on est isolé. C'est ce qui m'arrive, après six ou sept kilomètres. Enfin presque, car une femme d'une trentaine d'années me tient compagnie, pour ainsi dire. Petite, menue, blonde, elle court à mes côtés. Nous allons à la même allure : 5 minutes et quelques au mille.

Parfait.

Sans le décider, sans le chercher, nous calons notre allure l'un sur l'autre et courons exactement à la même vitesse. C'est drôle, l'avenue que nous empruntons mesure trente mètres de large, et nous courons presque épaule contre épaule. Je repense à David, un de mes potes d'Alstom, et à une de ses théories de sportif : dans une course, il faut se trouver une meuf comme lièvre. Pour faire le con, il dit que c'est pour la vue. Et plus sérieusement, il explique que les filles sont plus régulières que les hommes. Des métronomes, les nanas. Parce que les hommes sont des cons, ils se vexent et accélèrent quand on les double, ensuite ils n'en peuvent plus et ralentissent, jusqu'à ce que ça aille mieux et qu'on les double à nouveau. Résultat : une course en accordéon et avec l'accordéon, bonjour la musique.

C'est le moment où nous sortons de Pyongyang pour attaquer une ligne droite infernale qui longe le fleuve et, surtout, qui mooooooonte ! Un faux plat. Long, le faux plat. Je suis collé à ma petite blonde. Un vrai couple de coureurs. Elle me fait du bien et je sais que moi aussi. On se ressemble, on se soutient sans s'adresser la parole. Supercadence, nous doublons des grappes de coureurs. Douze kilomètres à l'heure. Et je me sens tellement en forme !

Je ne cours pas, je glisse.

La lune de miel dure six ou sept kilomètres. Et puis c'est la baisse de régime pour moi. Je descends d'un ton. Oh pas beaucoup, je suis à 5 minutes 15 au kilomètre. Suffisant pour voir progressivement s'éloigner ma camarade. Elle me lâche, elle me pose. C'est un petit coup au moral. Pour la première fois, je me dis que je suis parti trop vite. En même temps, j'ai couru quasiment dix kilomètres à douze à l'heure, c'est très bon. J'ai pris de l'avance sur mon objectif, il ne me reste plus qu'à poursuivre sur une cadence moindre, celle prévue au départ, tiens, 5 minutes 30.

Le moral remonte.

Je cours mieux, moins vite, mais bien, et je me rassure. Je n'ai à aucun moment cessé de regarder les coureurs que je croise, ceux qui sont meilleurs, qui ont déjà fait demi-tour au kilomètre 21 et qui reviennent sur Pyongyang. Au loin, je repère Olivier. Ça, c'est positif. Il me voit aussi. Je me décale vers la ligne blanche au milieu de la route, lui aussi, et en se croisant on se tape dans la main, tous les deux un sourire plus large que celui de Kim Il-sung.

Un quart d'heure plus tard, j'arrive au plot du kilomètre 21, le point de retour. Mon temps est d'une heure et cinquante-trois minutes. Génial. En continuant à cette allure, je finirai en trois heures cinquante maxi.

Maintenant, ça descend. Ça devrait soulager. Mais non. Ça commence à tirer. À piquer. Il n'y a plus de petite blonde, presque plus de public, juste moi et cette saleté de quatrième dimension, ce sentiment fou d'être seul à courir sur une voie ultralarge des abords de Pyongyang. Le corps se rappelle à moi. Pour simplifier, c'est une descente aux enfers. Et là, chance inouïe, je trouve un nouveau soutien. Un homme d'une trentaine d'années, qui court à ma vitesse avec, certainement, la même tête que moi. C'est-à-dire pas très sexy, la bouche ouverte, les yeux hagards. On se colle, épaule contre épaule ou presque, et c'est parti. Chacun est la bouée de sauvetage de l'autre. Et, magie de la collaboration, nous reprenons un peu de vitesse. C'est fou comme ça change, de ne pas être seul. On s'entraîne, on s'entraide, on se tire.

Lui et moi, ça a duré un peu moins de dix kilomètres.

Et puis il y a eu le kilomètre 32. Le triangle des Bermudes, les maisons hantées : la légende du mur. Celle qui dit qu'autour du kilomètre 35, on s'effondre. Certains dépassent ce moment difficile, voire le transcendent. D'autres abandonnent. Moi ? J'y ai pensé des dizaines de fois.

Kilomètre 32, donc.

Le mur, c'est très simple : vos jambes disparaissent. Plus rien ne vous porte et le moral plonge. Il faut du soutien, n'importe lequel. Arriver à un stand de ravitaillement à ce moment-là, c'est pas mal. Sauf qu'à Pyongyang, il n'y en a pas. Enfin si, mais ils ne proposent que de l'eau. J'ai d'ailleurs dû avaler déjà six ou sept de mes gels énergétiques. J'en reprends un, son effet ne me paraît pas évident du tout. Je crois que j'ai atteint mes limites physiques et que je suis mort, simplement mort. Ce qui serait bien, là, c'est d'arrêter. Rien d'autre. Que la voiture-balai me ramasse et me ramène direct à l'hôtel, où je m'offrirais une petite sieste de dix ou onze heures.

Mon nouveau pote est encore à mes côtés, en ruine.

Il l'ignore, moi non, mais nous allons bientôt nous quitter.

Je tente un dernier truc. J'en ai marre de la *playlist* apéro. Il est temps de dégainer la liste *jogging*. La musique énervée, les morceaux coup de fouet, c'est ce qui me sauvera. Elle commence par *See you all* de Koudlam. Viennent ensuite *Pursuit* de Gesaffelstein, *Doggg* de SebastiAn, puis du Daft Punk, du Vitalic et du Chapelier Fou. De la cocaïne pour les oreilles. Je dois m'arrêter pour tapoter à travers le plastique de la brassière dans laquelle est glissé mon portable, je sélectionne *jogging* et je lance la lecture.

Rien.

Veut pas chanter, Koudlam.

Je retente, pour un résultat toujours aussi nul. Soudain je comprends. La *playlist* que j'ai utilisée jusqu'à présent est enregistrée dans mon téléphone, l'autre est en ligne. Ici, je n'ai pas de réseau. C'est la Corée du Nord, espèce de couillon…

J'étais déjà au pied du mur. Là où le moindre contretemps se transforme en drame insurmontable. Je suis maintenant à l'arrêt, au milieu d'une immense artère. L'entrée dans Pyongyang. Pas grand monde sur les côtés, et absolument aucun coureur. Enfin si, mon pote, devant, qui avance lamentablement. Il a rejoint un groupe de deux ou trois autres cadavres. Et je n'ai même pas la force de les rattraper.

Je relance ma vieille *playlist*. *So much trouble in the world*. Va niquer ta mère, Bob Marley.

Je repars en courant. Je regarde ma montre, assez vite pour constater que je cours à plus de huit minutes au mille. J'ai l'impression que mes cuisses sont en bois, elles me font un mal de chien à chaque foulée. Je dis bien : à chaque foulée. Mais qu'est-ce que tu fais là, espèce de blaireau, seul au monde dans une avenue de Pyongyang ?

Je pense évidemment à mes filles. Et à une conversation que j'ai eue avec Lili, l'aînée. Moi : « Ma chérie le foot, c'est simple, il y a Lyon et les autres ; les autres sont des chiens, on les écrase. On se fout de participer : on veut gagner. Seuls les *losers* se persuadent que l'important est de participer. » Et ma gamine a eu cette réplique dévastatrice : « Ben pourquoi tu veux faire un marathon alors ? » Pas le moment idéal pour me remémorer cette vanne…

Si je ne ramène pas la médaille, mes filles ne comprendront pas. Je pourrai toujours leur expliquer les presque trente heures de train, le décalage horaire, oui tu comprends je suis parti à peine trop vite, c'est à cause de la petite blonde du début, là, cette morue ! Non, aucune explication ne vaudra. Si je ne termine pas, je ne termine pas. Point barre. Je continue de courir à ma nouvelle allure, celle d'une otarie à chaussures de ski. Je pense à ma femme. Elle, elle comprendra l'abandon. Contrairement aux filles, elle sait qu'une telle distance est presque inhumaine, en tout cas pas du tout naturelle. Elle sait aussi que je ne suis qu'un coureur du dimanche à peine plus assidu. Oui, Séverine, je sais que tu comprendras.

Je m'accroche à tout et à n'importe quoi.

Des absurdités me passent par la tête. La pire ? Me persuader que la douleur aux cuisses est agréable. Je le jure, je me suis répété cette phrase en boucle : « Aime ta douleur. » Ça ne marche pas, vous vous en doutez. Si Clémentine et Tristan m'entendaient, ils se pisseraient dessus de rire. Moi-même, d'entendre ce leitmotiv dans ma tête, ça m'amuse. Donc voilà : je suis drôle, mais inopérant.

Ensuite j'ai pensé à Éric Di Meco, ancien joueur de foot, défenseur réputé un peu rude. Qu'on ne me demande pas pourquoi j'ai pensé à lui. J'ai pensé que s'il était là, lui, il me bougerait. Il me secouerait. J'ai vu son visage, son expression dure, et je l'ai entendu me dire : « Lâche pas, t'es français, t'as pas le droit d'abandonner, pas ici. » J'ai pensé que ça doit être bien, d'être pote avec Éric Di Meco, après quoi je me suis plongé à nouveau dans mes cuisses. Qui cognaient. Qui me brûlaient.

Ça a été très long.

Un tunnel, avec aucune lumière au bout.

Et puis, petit à petit, les kilomètres qui tombent. Un semblant de foulée qui revient. Ma montre indique que je cours à quasiment six minutes au mille, c'est inespéré. Elle m'indique que j'ai parcouru trente-neuf kilomètres. Il en reste trois, soit vingt minutes, en gros. Vingt minutes avec des cuisses en bois.

C'est alors que je rejoins mon pote de tout à l'heure. Oui, je le reprends ! Arrivé à sa hauteur, je me colle à lui, décidé à ne plus le lâcher jusqu'à la fin. C'est presque ce qui va se passer…

Le dernier ravitaillement est au kilomètre 40, tout près du but.

Je m'arrête pour me verser des verres d'eau sur le crâne et les cuisses. C'est réparateur, mais au moment de repartir, je ne peux pas. Voilà la montée. Oui, celle que j'ai repérée la veille depuis le bus. Mon collègue de galère ne s'est pas arrêté et il grimpe. Il court. Il a tort, selon moi. C'est le seul moment de la course où j'ai eu un peu de stratégie, de réflexion. Je me dis : « Si je cours dans cette montée, je suis mort, j'explose. Je vais marcher vite. » Une petite pensée pour Michael Chang et son service cuillère, contre Yvan Lendl, toutes proportions gardées. Et donc j'attaque la montée à une allure de randonneur et c'est ce qui m'a sauvé. Parce que je suis arrivé au sommet de la butte avec seulement dix ou vingt mètres de retard sur l'autre gars.

Dans la descente, je suis reparti en courant, avec un moral bien meilleur que le sien. Je l'ai repris et doublé, lui a stoppé sa course. Il marche. Il piétine, même. Sans m'arrêter, je me suis tourné et j'ai agité le poing, genre « Allez gros vas-y, on y est presque ».

Mais non. Il était foutu. J'ai continué seul.

Un dernier virage sur ma droite, avec vue sur l'arc de triomphe, devant le stade Kim Il-sung. Il doit rester un kilomètre. Je suis encore sous la barre des quatre heures, mais un rapide calcul me dit que je vais les dépasser. Pas de beaucoup, de quelques minutes. J'accélère. C'est une belle descente, je finis à une vitesse de 5 minutes au mille. Les cuisses en bois, je n'en ai plus rien à foutre, mes filles me poussent dans le dos, Séverine me pousse dans le dos, Éric Di Meco me pousse dans le dos, même Hugo Lloris est là, tiens !

Je traverse le parvis du stade.

La voiture officielle de la course, surmontée d'un écran, est garée devant.

Le verdict s'affiche en rouge sur l'écran : 4 heures 03 minutes.

Rien à faire.

J'accélère encore.

J'entends le public. Je me bats depuis dix kilomètres pour le finir, ce fichu marathon, et ne pas rentrer en ambulance. J'ai renoncé au tour de stade depuis longtemps. Mais là, c'est tellement tentant. Je passe sous l'arche… trop tard. Je me demandais si les Coréens étaient à trois minutes près, eh bien oui. La ligne d'arrivée a été déplacée sous l'arche.

Pas de tour d'honneur.

Mon temps final est de quatre heures trois minutes et dix-huit secondes.

Je me suis assis contre un mur.

J'ai vu arriver le type avec qui j'ai tant galéré : un quart d'heure après moi. Il a lâché. J'en vois un autre vomir sur la ligne. Des officiels l'aident à s'asseoir contre le mur, en face de moi, on le recouvre de couvertures de survie et il reste là, blême, je ne sais combien de temps. Je vois enfin le copain du Canadien qui s'est foutu de moi et de mes bouquins, dans le train. *French french french*... Il a certainement fini devant, d'accord, mais j'ai la satisfaction d'avoir mis presque une demi-heure à son pote.

Nous recevons la médaille attestant que nous avons terminé l'épreuve. Le ruban au bout duquel pend cette récompense, que je convoitais tant, est... bleu blanc rouge. Je souris. Ce sont les couleurs du drapeau national nord-Coréen. C'est l'heure du roi.

J'ai terminé cent vingt-troisième. Sur combien ? Il faudra attendre mon retour en France pour accéder aux résultats officiels. Je suis cent vingt-troisième sur cent quatre-vingt-onze amateurs mâles. Quatorze n'ont pas fini la course ou ont été disqualifiés. Je suis le sixième à être arrivé après quatre heures de course.

Et je suis le sixième à s'être vu interdire l'entrée du stade.

C'est nul, je le sais. Tout le monde me dit « Attends c'est bien quand même quatre heures pour un premier » ! Mais non, ce n'est pas bien. Je m'étais préparé pour trois heures cinquante et je rêvais en secret de trois heures quarante.

Olivier a terminé le marathon en trois heures et dix-huit minutes, il est vingt-deuxième des coureurs amateurs mâles. Quant à Clémentine, alors qu'elle s'est arrêtée à plusieurs reprises pour prendre des photos durant sa course, elle a fini quarante-quatrième sur cent trente et une dans la catégorie des amateurs femmes. La grosse *perf*, c'est elle.

## 14

## Le téléphone rouge

J'ÉTAIS PERSUADÉ qu'on allait me laisser tranquille après le marathon. Je voulais dormir, seulement dormir. Comme dans cette chanson d'Aldebert : « Une petite sieste et hop, au lit. » Pas du tout. Une sortie était prévue. Dans le bus, tout le monde. L'occasion de réaliser qu'il est inenvisageable de rester seul à l'hôtel, à glander. Ce n'est pas le but de ce périple, certes. Mais tout de même... Une chose est sûre : le blaireau qui a préparé le programme n'a jamais couru de marathon, sans quoi il aurait prévu un après-midi massage.

Au lieu de ça : Munsu Water Park !

Dans le documentaire *Pyongyang s'amuse*, diffusé sur Arte, une voix off expliquait qu'après huit ans de tournage dans le pays, ils n'avaient vu aucun militaire énervé, mais une population qui s'amusait et qui était heureuse. Ah. Un paradis quoi. Alors que le bus quitte l'île de Yanggak, notre fief, je me souviens des images de Nord-Coréens fous de joie dans un parc aquatique. Je me demande si c'est le même.

Le parc est dans le nord de la ville, à un quart d'heure de route.

Je trouve malgré tout le temps de m'endormir. Levé à cinq heures du matin et un marathon dans les jambes. Lorsque nous nous arrêtons sur le parking, je suis encore plus lessivé. Marcher, ça va aller. Faire le con dans des toboggans, m'éclater dans une piscine, impossible. Clémentine n'est pas très motivée elle non plus, mais, avant que nous ayons le temps de nous plaindre, Julia reprend le micro : pour ceux qui ne veulent pas se baigner, direction le bar. La vie est belle.

Situé à l'étage, le bar dispose d'une salle de billard, où des jeunes nord-coréens en slip de bain font comme tous les jeunes en pareille situation, ils boivent des bières et hurlent en marquant leurs coups. La salle est grande. Des portes vitrées donnent sur une mezzanine, occupée par quelques tables, qui offre une vue idéale sur l'intérieur du parc aquatique. C'est exactement comme dans le documentaire : des bassins, des toboggans délirants de couleurs et de dénivelés. Des habitants qui s'amusent, qui s'éclatent. On se croirait à l'Aqualand du Cap d'Agde.

La chaleur est humide dans ce bar où nous retrouvons Joseph et Ben, de Nouvelle-Zélande. La trentaine. Ils paraissent fréquentables, même si Ben a une tête de tueur en série. En revanche, dès qu'il parle, il est très drôle. Les deux frères ont participé aux cinq kilomètres, ce matin. Ils ne sont pas là pour l'épreuve, ils sont venus pour l'exotisme socialo-nucléaire. Joe est infirmier et Ben antiquaire, spécialisé dans les armes à feu.

Avec nous, un guide nord-coréen, Song, qui a tout du chaperon. Eh oui. Des fois qu'on voudrait retourner le cerveau des quatre serveuses habillées en hôtesses de l'air. Comme je le constaterai dans tous les bars ou restaurants, les serveuses sont particulièrement empruntées. Elles sont comme ces gamins de quinze ans qui font leur premier stage dans la restauration, en France. Timides, gênés, ignorant les codes du service, ils sourient nerveusement et rougissent, leurs mains tremblent. Et bien qu'adultes, les serveuses ici n'ont pas l'air plus accomplies. Souvenir vague de *L'Être et le néant*, que j'ai tenté de lire en fac de philo. Le passage du garçon de café, sa dextérité, sa rapidité, voire son empressement auprès des clients qui font penser à Jipé Sartre que ce type joue au garçon de café, qu'il investit le rôle, qu'il a les gestes et les attitudes du garçon de café. Le garçon joue tellement le garçon de café qu'il le devient, comme une seconde nature. Un affichage qui devient une essence. Les attitudes et la gestuelle, qu'on croirait innées chez le garçon de café parisien, sont lourdes et maladroites chez la serveuse nord-coréenne. Le service dédié aux touristes étrangers étant rare et nouveau, il n'est pas maîtrisé.

Les guides coréens se transforment volontiers en responsables de salle, ils donnent des ordres aux serveuses, les engueulent parfois, se donnent de l'importance. Ils n'ont pas dû faire des études de tourisme, mais plutôt l'armée. D'ailleurs ils ne sont pas là pour nous guider, plutôt pour nous orienter, pour nous contenir. Nous sommes un groupe de dix-huit et disposons de trois guides nord-coréens, sans compter Julia qui, boulot oblige, est très encline à dire amen à leurs exigences.

Song est très sympathique cela dit, y compris avec les jeunes filles chargées de nous servir une tournée de bières. Il serait même plutôt du genre à les aider qu'à les enguirlander. Nous discutons de tout et de rien, surtout de la course du matin. On me félicite d'avoir terminé le *full*. Super, merci les gars. Ensuite on se présente rapidement, Joe, infirmier donc, Ben antiquaire, Clémentine consultante littéraire – elle explique en quoi ça consiste, personne ne comprend – et puis moi, écrivain. Puis viennent les familles, combien d'enfants, etc. Comme souvent, je ne résiste pas au plaisir de montrer des photos de mes filles sur mon téléphone. Song réagit comme il se doit : « Comme elles sont belles… » Il attrape mon téléphone pour mieux les voir et se met à faire défiler les photos. Il accélère, on dirait qu'il essaie d'en mater le plus possible avant que je ne lui reprenne l'appareil.

Mode parano.

Je le regarde faire, médusé et interdit. Song se retrouve chez moi maintenant, photos de famille anodines, dans mon salon, le couloir qui mène aux chambres, et il s'arrête sur la cuisine. Il lève la tête : « *Is it your home ?* » Il n'a pas scruté mes photos comme un espion nord-coréen à la recherche d'une information quelconque, non, il a regardé par pure curiosité. Song a *kiffé* ma cuisine. C'était tout ce qu'il voulait : voir un intérieur de cet Occident qu'on leur décrit depuis toujours comme diabolique.

L'occasion est trop belle de parler avec un Nord-Coréen, quand bien même un guide. Je vais découvrir très vite que c'est parfaitement inutile. Alors que j'essaie de savoir, pour commencer, s'ils accueillent beaucoup de touristes comme nous en une année, il répond que oui, le voyage se fait toujours en bus. Song feint à la perfection de mal comprendre l'anglais, ce qui lui permet de répondre à côté. Et pour ce qui est de sa famille : une femme, pas d'enfant. Je n'insiste pas. Je lorgne son smartphone, j'ai l'idée un peu dingue de le prendre pour jeter à mon tour un œil sur ses photos et voir comment elles sont, les cuisines Schmidt d'ici. Mais non.

*

Nous dînons à l'hôtel. Clémentine et moi, seuls à une table de douze. Au fond de la salle Michel Serrault, Olivier mange avec ceux de son groupe. C'est leur dernier soir. Motivés par un absurde sentiment de camaraderie, après seulement deux jours passés ensemble, ils font du bruit, multiplient les selfies à deux, à quatre, à quinze, bras sur les épaules et sourires de *winner*. Olivier se plie au manège de bonne grâce, par politesse.

Dès qu'il peut s'esquiver, nous nous retrouvons au bar de l'hôtel. Clémentine, whisky sans glace, comme d'habitude. Olivier choisit de m'imiter et de prendre le *Pyongyang Lime* ; un cocktail indéfinissable avec un probable goût de citron et qui ne s'avère pas bon du tout. Pas grave. Je m'amuse encore de la presque amitié entre Clémentine et Olivier, eux qui ont des parcours et des vies si lointains. Ils s'apprécient.

Nous débriefons nos courses respectives et Olivier me sidère, une fois encore. Il s'est collé à deux Hollandais énervés, qui ne s'arrêtaient même pas aux ravitaillements. Ils se sont bien trouvés, les trois, et ont effectué une course idéale jusqu'à dix kilomètres de l'arrivée, moment où Olivier a senti une énorme ampoule éclore sous chacun de ses pieds, au niveau du gros orteil. « Pendant le XTerra de la semaine dernière à Taïwan, j'ai cassé mon vélo, j'ai dû courir cinq kilomètres en le portant, et avec les chaussures de vélo, c'est pas pratique. J'ai trop forcé et là, ça a explosé. »

Avec de telles ampoules, quelqu'un de normal aurait abandonné la course. Olivier ? « J'ai changé mes appuis et j'ai un peu ralenti. » Je connais parfaitement mon oncle et il n'est pas du genre à se vanter. En tout cas pas en paroles. Pour lui, ce sont les actes qui comptent. Lorsqu'il est en galère durant une épreuve, il pense à « Papou ». Son père, mon grand-père. Une force de la nature et un philosophe du tranquille, du fatalisme serein. On est en plein hiver 1940. Il est avec un autre soldat caché derrière un bosquet, dans le secteur du lac Noir, dans les Vosges. Au milieu d'un champ. Des Allemands, à deux ou trois cents mètres, les ont vus et leur ont balancé des obus à l'aide d'un mortier. C'est un tir de défense, les Allemands ignorant combien de personnes sont cachées là. Les obus ne les ont pas touchés, mais un éclat est venu se ficher dans le biceps de mon grand-père, l'arrachant à moitié. Il se vide de son sang, que l'épaisse couche de neige commence à boire.

L'autre type n'a qu'une envie : partir en courant. Fuir. Mon grand-père doit presque lui enfoncer la tête dans la neige pour le calmer et le forcer à rester caché. S'ils courent, ils sont morts, les autres vont les descendre au Sturmgewehr 44.

Les Boches attendent. Des heures, six ou sept, durant lesquelles mon grand-père doit aussi gérer la panique de son camarade qui tourne presque de l'œil. Une seule chance de survie, faire les morts. Le grand-père, qui connaît la nature comme tout gars qui a grandi aux Fins, à la frontière suisse, repère qu'un épais brouillard est en train de se former. Ce sera leur porte de sortie.

À la nuit tombée, ils trouvent refuge dans une ferme du coin où mon grand-père s'effondre. Je me souviens bien de cette histoire, qu'il a racontée à quelques rares occasions à ses petits-enfants. Hors de question de frimer avec ça. Je me souviens également du trou dans son bras, attestant de la véracité de l'aventure.

J'essaierai de m'en souvenir lors de mon prochain marathon.

*

Il est 17 heures en France et il est temps de rassurer tout le monde.

Je ne m'attendais à rien de spécial, pour le téléphone. Cabine ? Pas cabine ? Je ne m'étais pas posé la question. J'ai été d'autant plus amusé lorsque la demoiselle m'a indiqué un bureau derrière moi. Une chaise. Et un téléphone fixe, rouge vif, muni de touches énormes. On aurait dit un de ces jouets pour enfants de la marque Fisher Price. L'appareil était de surcroît posé sur le napperon brodé le plus moche de toute l'Asie, une horreur décorée de fleurs vertes et blanches.

Séverine et moi redoutons d'être écoutés. Je n'en suis pas certain à cent pour cent, mais c'est hautement probable. Notre conversation s'en ressent, elle est presque distante, froide, factuelle. Je lui fais comprendre que tout va bien. Je ne veux pas laisser entendre que chez nous, en France, on les prend pour des barges. J'espère seulement qu'elle saisit, à ma voix, que ça va pour le mieux. Car je sais exactement dans quoi j'ai atterri, à présent : un voyage organisé !

Le plus grand risque pour moi est devenu l'ennui mortel.

Mon regard est fixé sur ce téléphone au *design* aussi désuet qu'incongru. J'imagine, dans une salle bourrée d'ordinateurs, quelque part dans Pyongyang, des agents du gouvernement en train de m'écouter raconter à Séverine ce qu'est le mur du marathonien seul sur une avenue vide. Est-ce que ça ressemble à un centre d'appels EDF ? Est-ce qu'ils ont un conseiller qualité, eux aussi ? J'ai en tête l'image d'un autre agent en train de dévisser le téléphone d'enfant, là, sur le napperon vert, pour y glisser un micro. Et je me demande :

« Y a-t-il une part de sérieux dans ce pays ? »

## 15

## Chaussettes-claquettes

Les Coréens ont un problème avec les chaussures. Jangsusan hôtel, au nord de Pyongyang. Notre chambre, deux lits. Passable. Une salle de bains, pas encore eu le temps de la regarder. Le sol de la chambre est couvert d'une immense natte, comme celle que l'on prend pour la plage. Je pose mon sac, Clémentine sa valise et, sans frapper ni rien, une femme de chambre entre et nous engueule dans sa langue. Elle nous montre la natte, puis nos chaussures, et agite l'index pour dire non. Je suis crevé, j'ai envie de lui dire que sa pauvre natte, là, chez nous, on la pose sur le sable et on se vautre dessus en slip de bain. Mon niveau de coréen m'en empêche. Elle ne me laisse de toute façon pas le temps de réagir. Elle pointe cette fois son index sur deux paires de mules, posées dans l'entrée.

Échange de regards avec Clémentine.

Nous sommes déjà passés maîtres dans l'art de contenir les fous rires. En revanche, dès que le Velociraptor de chambre sort, nous explosons. Nous nous agenouillons devant deux magnifiques paires de mules blanches, en cuir. Le devant est ouvert, comme des chaussures de femme, avec un talon plat. Deux tailles, une pour homme, donc moi, un petit 44 à vue de nez, et une pour femme, un bon 40. Le cuir est passé, le blanc est d'un gris douteux. Ces mules doivent être là depuis des années, voire des siècles. Si ça se trouve Kim Il-sung les a dessinées lui-même, tiens.

Ce sont les chaussons d'hôtel les plus *dégueus* que j'ai vus de toute ma vie.

Nous les enfilons, forcément, et entamons un défilé de mode dans la chambre, version socialiste du fameux chaussettes-claquettes. Bref, une fin de journée en Corée du Nord.

*

C'est Ryan, le Belge francophone de notre groupe, qui nous a parlé, hier, des nombreux périples prévus pour la journée. Nous n'avions reçu aucun programme avant de partir. Des options payantes ont été proposées mais Clémentine les a refusées, tout comme moi. Il s'agissait par exemple d'un baptême d'hélicoptère, à Pyongyang. Venir jusqu'ici pour ça, franchement. Et pourquoi pas aller faire de la spéléo à Calcutta ?

Sûrs de nous, nous affirmons à Ryan qu'il doit se tromper. Peut-être y a-t-il plusieurs formules ? La nôtre, en tout cas, se limite à Pyongyang. Nous nous en ouvrons à Julia, qui donne raison à Ryan. Il n'y a qu'une seule formule pour les 10 jours, celle que nous avons choisie, et oui, on va bouger. Et pas qu'un peu.

Un second marathon suit le premier : en une seule et unique journée, nous allons effectuer huit visites, et changer de ville.

Tout d'abord l'ascension de la tour du Juche, fierté de Pyongyang. Une tour ronde aux parois lisses, en pierre, surmontée d'une fausse flamme rouge immense. La philosophie du Juche, développée par Kim Il-sung, entend orienter, diriger tout le peuple coréen vers un même but, décliné en trois principes : autonomie militaire, autonomie économique, autonomie politique. Vous pouvez lire tout ce que les Kim ont écrit, vous n'y trouverez que des aphorismes dignes d'une blague Carambar. Et toujours, en filigrane, cette obsession de l'autonomie. Un rejet du monde, un repli sur soi. Le Juche, c'est : « On est chez nous. » La tour du Juche symbolise la recherche de cette toute-puissance.

L'ascenseur nous emmène au sommet de l'édifice à cent soixante-dix mètres du sol. La moitié de la Tour Eiffel. En haut, la vue est démente : à 360° sur la capitale, sur les bâtiments aux couleurs pastel, et puis cet étrange calme, voire cet immobilisme. De là-haut, on réalise à quel point il ne se passe rien. Quelques rares bagnoles investissent les larges avenues, et puis rien, pas un bruit. On se croirait dans *The Walking Dead*.

Yo-jong, notre deuxième guide, commence, dès cette première visite, à nous servir la « soupe à la Kim », en nous balançant ses concepts sur le paradis socialiste et en expliquant qu'en Corée du Nord on ne paie ni l'école ni l'hôpital. J'ai envie de lui dire « comme en France, quoi », mais je m'abstiens.

Nous enchaînons avec le monument de la fondation du Parti, construit en 1995, pour les cinquante ans de la naissance du Parti. Cinquante mètres de haut, du coup. Nous avons là une faucille, un marteau et un pinceau de calligraphie, dressés comme des verges. Les paysans, les ouvriers et les intellectuels sont à l'honneur. Une ceinture, au pied du monument, entoure la base des trois outils. La ceinture a un diamètre de quarante-deux mètres, en référence à l'année de naissance de Kim Jong-il. Ils sont très clins d'œil avec les chiffres, ici.

Et à nouveau la soupe. L'unité, l'autonomie, le Président Éternel. Je ne le supporte plus, alors que je ne suis là que depuis deux jours. Comment font-ils ?

La place Kim Il-sung. C'est grand, c'est beau, c'est stalinien. Tous les symboles sont réunis. Sur une même place, la grande maison des études du peuple, le siège du Parti du travail de Corée du Nord, le musée central d'Histoire de Corée et la galerie d'art coréenne. Rien que ça. En face, de l'autre côté du fleuve, vue sur la tour du Juche, surmontée de sa flamme démesurément rouge.

Ça en jette.

Des nombres sont peints sur le sol, sur toute la place. Yo-jong m'explique que ces marques servent aux *mass games*, les manifestations de masse. Grâce à ces repères, chacun sait où se placer. Je comprends mieux comment ils font. Ils trichent, quoi. Je le fais remarquer à Yo-jong en affichant mon sourire *je déconne*, ce qui l'amuse et me conforte dans l'idée qu'elle et ses compatriotes ne sont pas des fanatiques à tout crin. Yo-jong fera d'ailleurs preuve par la suite d'un humour et d'une vivacité d'esprit redoutables, le tout doublé d'un goût prononcé pour chambrer son prochain.

La journée est loin, très loin d'être terminée.

Nous avons repris le bus, pour visiter à Mangyongdae la maison natale de Kim Il-sung, à une quinzaine de kilomètres au nord de la capitale. C'est ici que naquit le Dieu vivant, en 1912. Pour bien appréhender ce que représente Kim Il-sung en Corée du Nord, dites-vous que c'est un croisement entre Jésus-Christ et le Général de Gaulle, et qu'en plus il est de votre famille. Le mégaboss. Sa maison natale ? Un ensemble de trois cabanes de paysan, du début du XX^e^ siècle, reconstituées pour la cause, pour le peuple, pour la postérité et… pour nous, les touristes.

Pour les Coréens, ce lieu est plus que mythique. C'est ici que tout a commencé.

À notre arrivée, des jeunes en file indienne attendent de pouvoir déposer des fleurs et de se prosterner devant une grande plaque de pierre sculptée sur laquelle sont gravés un titre et six lignes de texte, en rouge. Nous n'avons nullement besoin de traduction, puisque tout dans ce pays raconte la même histoire. Kim Il-sung s'est dressé contre les Japonais, puis contre les Américains, il a posé la philosophie du Juche et a ensuite dirigé et guidé le pays jusqu'à sa mort, en 1994. Je ne suis pas historien, mais je dirais que la guerre *de* Corée a surtout été la guerre *en* Corée, la guerre des États-Unis contre la Chine et l'URSS. Les débuts de la guerre froide. Les géants se sont frités sur le sol coréen, ils se sont essuyé les pieds sur le visage du Président Éternel qui par la suite n'a nourri son peuple que grâce aux subsides de l'Union soviétique.

Pour couronner cette matinée chargée, nous déjeunons dans un restaurant où l'on sert de la soupe de chien. Trop cliché, presque. Le plat n'est évidemment pas imposé. Je n'en ai pas pris. J'ai préféré défoncer le *kimchi*, le riz et le reste avec, encore et toujours, notre bière pour deux.

À la fin du repas, alors que les fumeurs grillaient leur clope devant le restaurant, Joe, le plus jeune des deux frères néo-zélandais, est sorti en faisant semblant d'appeler son chien, d'une voix interrogative et chevrotante : « Blacky ? Blaaacky ? » Éclat de rire général et nouvelle info : c'est Joe, de Nouvelle-Zélande, le comique du groupe.

Yo-jong nous annonce que nous allons maintenant prendre le métro. J'avais pour ma part un souvenir démentiel du métro moscovite. Une profondeur qui rivalise avec tous les bunkers antiguerre atomique et des fresques grandioses. Soviétiques, quoi. Je me demande même si mon amour pour mon propre pays n'est pas né là-bas, si je n'imite pas cet élan, ce mouvement vers le haut, vers le plus grand, vers une forme de sacré profane, de dépassement de sa petite personne. Je me demande si je ne suis pas communiste, tiens.

Nous sommes tous heureux de découvrir le métro. Parce que la vraie vie est là. Le métro, ça ne triche pas. Pour la profondeur, nous n'avons pas été déçus. L'escalator était interminable.

Deux lignes constituent le métro de Pyongyang. Là encore, des fresques, des paysans, hommes et femmes, qui marchent en souriant vers quelque chose de grand. Ils sont épanouis, en bonne santé et portent un drapeau rouge flottant au vent. Normal. Sur le mur d'en face, ils sont devant une usine, tout en marchant un ingénieur montre quelque chose sur un plan à une femme qui peine à le suivre. Il va trop vite, l'ingénieur. Il va trop loin, il va trop fort, mais il sourit et il montre quand même je ne sais quoi à la meuf sur son plan. Au fond de la station, bien entendu, une peinture immense de Kim Il-sung, les mains dans les poches d'un manteau crème. Il avance, souriant, suivi par une dizaine de personnes elles aussi souriantes et confiantes. J'ai beau être un peu communiste, ça sonne faux. La notion même de guide suprême me révulse. J'exècre le culte de la personnalité et Kim Il-sung m'est insupportable. Son sourire et son attitude disent : « Vous êtes un peuple d'enfants, suivez-moi et, surtout, obéissez-moi. »

Nous parcourons deux stations de métro. Tous dans la même rame, avec trois guides nord-coréens. Quelques rares usagers nous regardent en souriant, curieux, intrigués. J'ai lu que le métro ne fonctionnait pas, dans la vraie vie, et qu'il ne servait qu'à balader des touristes étrangers, les usagers étant des comédiens. J'y pense, forcément. Je pense aussi que la propagande peut aller dans les deux sens et que chez nous, il est de bon ton de ridiculiser ce régime.

Une gamine me regarde et sourit. T'es une comédienne toi, hein, dis ?

Je ne le saurai jamais.

Dehors, le bus nous attend, et c'est reparti. J'ai très clairement le sentiment d'être baladé, et j'aime de moins en moins ça. On me trimballe au milieu des Coréens comme s'ils étaient des fauves, je passe devant eux, je passe parmi eux, mais je ne les rencontre pas. Ce pays accepte de nous recevoir, mais il ne nous accueille pas. Ils veulent qu'on les voit, mais pas qu'on les regarde.

Nous nous arrêtons dans une librairie où nous achetons de belles affiches, des cartes postales, des *pins* et de la grande littérature, en français s'il vous plaît : *Pour une application parfaite des thèses sur l'enseignement socialiste*, *Pour une idée et une connaissance correctes de la philosophie du Juche*, *Pour améliorer l'administration urbaine conformément aux exigences de l'évolution de la réalité*, ou encore, mon préféré, *La Route des jeunes héros est le glorieux produit de l'idée de notre parti de faire cas de la jeunesse.* Les auteurs ? Kim. Grand-père et père. En parcourant les ouvrages, je ne tombe que sur des phrases à rallonge sans aucun intérêt. De la philosophie du niveau de Charles Trenet. Ce qui est écrit n'est pas important, l'important c'est que seuls Il-sung et Jong-il sont habilités à écrire un bouquin. Envie de les claquer, leurs lunettes et leurs sourires.

Enfin, nous avons droit au musée de la Guerre. À ce stade du séjour, qui commence à peine, je suis déjà *overdosé* de propagande molle. Mais ce musée est peut-être celui où le discours est le plus virulent. Contre l'Amérique, ce peuple de chiens assoiffés de sang, le sang des Nord-Coréens. Je ne suis pas spécialement pro-USA même si, comme beaucoup, je suis abreuvé et connaisseur de leurs productions culturelles, qu'il s'agisse de musique, de cinéma ou de séries TV, et je suis d'accord avec Ignacio Ramonet : « Ce n'est pas la CIA qui a gagné la guerre froide : c'est Hollywood. » Pour ce qui est de leur politique étrangère, le cynisme est tel qu'il est compliqué d'applaudir. Tout a été résumé par Henry Kissinger : « En matière de politique étrangère il n'y a pas d'ennemis, il n'y a que des partenaires aux intérêts fluctuants. » Mais la haine envers les États-Unis est telle que la guide du musée en bave presque. C'est hallucinant. Le plus choquant, finalement, c'est la longévité de cette détestation. Depuis 1953, personne ici n'est passé à autre chose.

On nous explique que durant la guerre, les troupes américaines n'étaient ni *fair-play* ni réglo. Rendez-vous compte, ils avaient des agents infiltrés dans l'entourage de Kim Il-sung ! Qui renseignaient sur la position de ce dernier, en vue de bombardements ! Une fois encore, impossible de répondre, de rétorquer, de dire ce que l'on pense. S'il y a bien un endroit où le *fair-play* n'a pas sa place, c'est la guerre. Nous n'avons d'autre choix que de hocher la tête et de faire comme si. Le propos est toutefois si insistant que je me ferme. Je me barricade. Ils me saoulent avec leurs histoires.

Le seul moment *amusant*, dans cette visite, c'est le Chance Vought F4U Corsair. Dit comme ça, ce n'est pas très sexy. Si j'ajoute les mots « Papy Boyington », ça va mieux. Le Corsair est ce magnifique avion aux ailes recourbées, véritable héros de la série *Les Têtes brûlées*. Ils sont plusieurs à être exposés devant le musée, en différents états, mais tous ont été descendus à l'époque. C'est en contemplant ces avions, beaucoup plus gros que ce que j'imaginais d'ailleurs, que je réalise à quel point les Coréens sont enfermés dans le passé. Toute leur vie tourne autour de Kim Il-sung qui a bouté les Américains hors de leur sol. Un peu aidé par la Chine, mais on ne dira rien.

*

Alors que le bus nous conduit jusqu'à la ville de Pyongsong, le même paysage défile comme un ruban.

Des routes vides, des champs et, par moments, des types sur le bas-côté, à dix ou quinze, en train de creuser dans les talus ou de dresser des tas de sable, pour le ciment certainement. Et toujours cette impression d'un pays à l'arrêt, d'un peuple mort. Ce sont des enfants amorphes. Entre les bouquins minables écrits par deux uniques auteurs, le père et le fils, leur obsession de l'ennemi américain et le culte d'un passé vieux de soixante-dix ans, comment peuvent-ils avancer dans le monde ? Eh bien ils n'avancent pas, justement. Quand on a trop de musées, c'est qu'on a un problème avec l'avenir.

Paradoxalement, je sens des êtres chaleureux, qui ne demanderaient qu'à échanger.

Ils ont le lumbago de l'hospitalité, un truc coincé qui les rend distants. Je me dis que c'est leur passé. Le régime, bien sûr, et cette monomanie d'un avant glorieux dont ils ne font rien.

La chambre de Pyongsong nous fait regretter le luxe de Pyongyang. Prenez le matelas le plus fin du monde, posez-le sur une planche de bois, voilà notre literie. Quant à la salle d'eau… Le tuyau de la douche est branché sur le robinet du lavabo. Pas très important, au fond, puisque l'eau chaude est quasiment inexistante.

Comment est-ce, chez les gens ? C'est un des plus grands mystères pour moi. En ville, c'est mon obsession : je regarde les fenêtres, en vain. Parfois, je distingue le haut d'un salon, en contre-plongée, et le cadre d'un des Kim, tout sourire. Ils sont partout. Lorsque j'ai demandé à Julia si elle était déjà entrée chez un Nord-Coréen, elle a souri tristement. En deux années de séjours réguliers, elle a noué des liens avec les guides, qui sont peu nombreux, mais aucun d'eux ne l'a invitée chez lui. Parce qu'ils n'en ont tout simplement pas le droit.

Le repas dans la grande salle de restaurant de l'hôtel a été égayé par plusieurs coupures de courant. Avant de nous coucher, nous avons investi le bar. Une petite pièce, un comptoir, trois grandes tables. Nous commandons des bières et buvons tranquillement avec Patrick, l'Allemand et Guy, le Belge flamand. L'autre groupe, celui de Brian, effectue le même périple que nous. Ils sont là. Bruyants. Anglais, pour la plupart. Ils rient fort comme des Américains et se comportent comme si c'était l'hôtel de leur père. Le clou de la soirée advient lorsque l'un d'eux allume un énorme cigare. Il a trente ans à tout casser, il rit encore plus fort que les autres des blagues de bourrin d'un Anglais beau gosse, grand et costaud. Ces deux-là ont l'air de s'apprécier, le grand qui parle fort, le petit qui rit fort. Je crois que je les ai détestés à la seconde.

## 16

## Les *kimchis* dans la colle

KIM IL-SUNG, c'est Elvis Presley qui serait votre beau-frère. Tous les guides, les seuls Nord-Coréens avec lesquels nous avons pu échanger, nous ont parlé de leur amour pour le Président Éternel. Cette vénération collective me laisse pantois. Je ne comprends pas. Ça n'entre pas dans mon cerveau.

Je dois être trop rebelle, trop punk. Je ne comprends pas l'absence de résistance, de lutte. Toutes leurs tentatives d'explication font pschitt : je ne parviens pas à accepter qu'un peuple soit soumis à un seul type. D'ailleurs c'est quoi, son bilan ?

La Corée a été une colonie japonaise de 1910 à 1945. Kim Il-sung est entré en résistance en 1932, et il a rapidement obtenu des victoires militaires. En 1941, alors que le Japon a lancé une grande offensive pour éradiquer une fois pour toutes la guérilla communiste, Kim Il-sung a échappé au massacre et s'est réfugié avec les survivants de sa division en URSS. Les Russes l'ont remarqué, apprécié et mis au pouvoir. Ensuite, ce sera la guerre de Corée, de 1950 à 1953, qui verra surtout l'affrontement des Chinois et des Russes contre les Américains. C'est la guerre froide. Un premier Vietnam.

Juliette Morillot, au sujet de la zone démilitarisée qui sépare les deux Corées autour du 38e parallèle, écrit : « Surréaliste zone démilitarisée, vestige d'une guerre froide toujours vivante ici, sorte de musée du présent, figé, presque dépassé par les événements. » Une idée que je trouve très forte. Tout ce que j'ai ressenti en Corée du Nord tient dans sa formulation géniale du « musée du présent ».

Et au centre du musée, la statue de Kim Il-sung.

Avec ses dents parfaites, sa tête de papa, ses discours efficaces. La philosophie du Juche, qui prône essentiellement l'autonomie militaire, une préoccupation née durant la guerre de Corée. Le peuple et l'armée, les deux faces de la médaille. C'est tout un pays tenu par un sourire et une haine de l'Amérique des années 1950. Des années 1950, oui, car si les Américains ont oublié cette guerre, s'ils sont passés à autre chose, et à d'autres guerres, les Nord-Coréens, eux, n'ont cessé de la ressasser. Ils la revivent depuis soixante-six ans.

Les Nord-Coréens ont également adulé le fiston, Kim Jong-il, malgré ses fringues et ses faux airs de Rika Zaraï. Et sa taille. Je pense qu'il ne devait pas mesurer plus d'un mètre soixante. Pas plus haut que Prince, mais l'ego d'un empereur. Talonnette et décollement de racine, le monsieur n'était pas très à l'aise sur le sujet. Ajoutez à cela la garde-robe d'un épisode de *Starsky et Hutch*, et vous avez le tableau complet.

Kim Jong-il ressemble aussi, d'une certaine façon, à Liberace, ce pianiste de music-hall américain gay, à l'accoutrement le plus démentiel et kitsch de toute l'histoire de l'humanité. Avant de me rendre en Corée du Nord, j'avais une très mauvaise image de Jong-il. Celle d'un cochon qui aimait se taper des gamines de 14-15 ans, piochées dans les troupes de danseuses qui accompagnaient ses voyages officiels à travers le pays. Celle d'un nanti qui, en pleine famine, dans les années 1990, ne manquait jamais de grands chefs pour lui préparer des petits plats. Dans ma détestation de cette espèce de nain colérique, je poussais le bouchon jusqu'à considérer qu'il était le seul responsable de la grande famine. Ma vision était exagérée. Kim Il-sung a finalement eu la chance de mourir en 1994, juste après la chute du mur de Berlin. C'est la fin de l'URSS qui a provoqué la faim de la Corée du Nord. Plus de soutien venu de Russie et donc plus d'aide alimentaire et plus de produits phytosanitaires pour assurer une agriculture de type soviétique. Ajoutez à cela trois saisons atroces en termes de climat, et la voilà, la grande famine.

Quelle est donc l'œuvre de Kim Jong-il ?

Jong-il, qui ne bénéficiait ni du charisme de son père, ni de son statut de héros de la nation ayant libéré son peuple, ni de sa capacité à écrire et à prononcer des discours, a travaillé au culte de ce dernier. Les mosaïques partout, les statues, la vénération, la propagande, c'est lui. Il a mis en place le culte de la personnalité de son père, comme Fidel Castro a pu le faire pour le Che. Sinon, il était le champion du *on the spot guidance*. Il allait sur le terrain et il donnait des conseils, comme ça, en impro, à des mecs qui notaient tout scrupuleusement. S'il visite une piscine et trouve que l'escalier du plongeoir est trop raide : on met un ascenseur[4].

Dans un lycée agricole, Yo-jong nous a montré un triangle rouge au sol, à l'extérieur, juste devant une serre. Parce qu'un jour, Kim Jong-il avait visité l'établissement et s'était arrêté là pour déblatérer sur les serres, comme quoi ça n'était pas si con de faire pousser des légumes à l'abri des éléments, enfin quelque chose du genre, et bim : un triangle rouge, à tout jamais.

Quelques jours plus tard, lors d'une promenade dans la région du lac Samil, Yo-jong nous a pointé du doigt une balise sur le plan d'eau. Un jour de chasse, la mère de Kim Il-sung ou de Kim Jong-il, je n'ai pas entendu le début, avait tiré un oiseau au fusil ; le piaf est tombé dans le lac, là, juste là. Bim : une balise. Le geste accompli par le Kim concerné n'est pas explicité, on n'en tire aucune conclusion, on marque le sol là où il a parlé, là où il a agi. La performance n'est pas transcendée, elle n'est pas interprétée.

On indique juste des marques au sol.

Pas de pensée, de la mosaïque.

---

4. *On a marché dans Pyongyang*, Abel Meiers, éditions Ginkgo, 2015.

Quant à Kim Jong-un, le petit dernier ?

Pas encore de vénération, puisqu'il est vivant. Il n'est représenté sur aucune mosaïque, il n'a aucune statue à son effigie. Je ne suis pas convaincu que ce soit par humilité. Une chose est sûre : Kim Jong-un est moderne et il avance. Une société du loisir est en train de naître, embryonnaire, certes, mais bien là. Le samedi est réservé à la détente, dans le centre aquatique, les bowlings. Une forme d'intéressement au profit voit également le jour, puisque les taxis, une fois leur forfait mensuel versé à l'État, gardent pour eux les bénéfices supplémentaires. Idem pour certains restaurants.

Peut-on craindre le pire pour Kim Jong-un ?

La liberté économique n'est-elle pas suivie d'une liberté politique, à plus ou moins long terme ? Kim Jong-un a étudié à l'étranger, en Suisse. Il connaît le monde. Peut-on espérer qu'il changera son pays ? Le moderniser au point d'ouvrir les frontières ? Si l'on en croit Juliette Morillot, pas forcément. Car de l'étranger, il adopte les nouvelles techniques, les inventions, etc., mais pas l'idéologie. Ce n'est pas parce qu'ils tendent vers notre confort que nous sommes potes, loin de là. Le maître mot est : pragmatisme. Le *système Kim* ne veut pas de notre mode de vie. Il copie juste ce qui est efficace chez nous.

Quant à la réunification des deux Corées, troisième obsession affichée, après l'autonomie nucléaire et l'autonomie alimentaire ? Cela n'arrivera pas. Le coût en serait exorbitant, pour commencer. On l'estime à deux, voire cinq mille milliards de dollars, sur trente ans. Et si, au sortir de la famine, la Corée du Sud a envisagé la réunification et même provisionné de fortes sommes à cet effet, de nos jours les données ont changé.

Politiquement, Kim Jong-un ne peut accepter de se fondre dans le système du sud, celui du capitalisme. Ce serait un suicide. Économiquement, Pyongyang n'est plus un animal blessé en train de mourir. Les Nord-Coréens possèdent la bombe A et engrangent de l'argent, grâce au fameux bureau 39, un service ultraconfidentiel, une sorte d'agence internationale d'intérim et d'esclavage [5]. Créé par Kim Jong-il et perpétué par son fils, le bureau 39 vend des travailleurs extérieurs qui ne sont pas payés. Ainsi des Nord-Coréens officient-ils sur des chantiers dans des pays de l'est de l'Asie, en Mongolie ou encore en Afrique. Ces travailleurs ont interdiction de sortir des sites et leurs salaires sont versés directement à l'ambassade nord-coréenne.

Ils œuvrent sur des chantiers de construction à Oulan-Bator ou coupent des arbres en Sibérie. Plus étonnant, voire exotique, on trouve des acupuncteurs en Mongolie. Et enfin, des serveuses, capables à la fois de servir les plats puis de prendre les instruments de musique et de se transformer en groupe de musique pop. Nous avons assisté à deux reprises à de telles fins de

5. Documentaire *Corée du Nord : les Hommes des Kim*, Marjolaine Grappe, diffusé sur Arte. Prix Albert Londres 2018.

service, à Pyongyang, quand les serveuses sortent les guitares électriques et les basses, que l'une s'installe à la batterie, une autre au synthé, et qu'elles jouent trois ou quatre morceaux d'une pop électrique des années 1980. Il y aurait cent trente restaurants à l'étranger où les filles servent, chantent et vendent des clopes. Le capitalisme, c'est mal, mais le dollar, c'est bien.

Le montant annuel obtenu est un des secrets les mieux gardés du régime, cependant Marjolaine Grappe parle de quatre cent cinquante millions de dollars. Des esclaves, pour financer la bombe. La caisse secrète du régime.

Alors, une réunification ?

Politiquement : inconcevable. Économiquement : la Corée rentre de l'argent, pas encore assez, mais une pompe est amorcée.

Du point de vue de la dynastie des Kim, le bureau 39 est ce qui pouvait leur arriver de mieux et Kim Jong-un est parfait. Je reprends ici le refrain d'une chanson populaire, citée dans le livre de Morillot et Malovic : « Nous n'avons rien à envier au monde. »

Une réunification ?

C'était le rêve des vieux, le Nord a évolué et n'en voudrait plus. Quant à la Corée du Sud, allez expliquer à la jeunesse qu'elle va passer sous le régime du Nord et de son guide suprême.

## 17

### *Candy bomb*

GERY, L'IRLANDAIS DU GROUPE, n'était pas du tout un punk à chien, comme nous l'avions craint. C'est un des types les plus sympas du monde. Un peu perché. Il a passé moins de deux ans en Irlande ces vingt dernières années. Depuis dix-huit mois, il vivait en Nouvelle-Zélande où il travaillait dans la voirie, à construire des routes. Il bossait un gros paquet de mois pour un petit paquet d'argent, après quoi il repartait vadrouiller dans un des rares pays du monde qu'il n'avait pas encore visités.

Lorsque je lui ai demandé combien de pays il avait parcourus, il l'ignorait. Et c'était vrai, ce n'était pas de l'esbroufe. Plus d'une centaine en tout cas.

Ni femme, ni enfant, ni chien, donc.

Un personnage drôle, allumé, amoureux du monde, de la vie et des êtres humains. Adepte de la méditation qui, selon ses dires, l'avait sauvé. Là, on ne creuse pas. Sauvé de quoi ? On est ensemble pour dix jours seulement, on ne se reverra jamais, alors on ne va pas devenir proches au point de se déballer nos crève-cœurs du passé.

Question dimension spirituelle, Gery était sans hésitation le plus élevé de nous tous. Au début de chaque repas, il lançait, pour lui-même, mais à haute et intelligible voix, un « *Thank you God for this meal* » sincère et intense, les yeux fermés et les paupières tremblotantes. Pas certain que ce soit très malin de faire ça dans le pays où le prosélytisme religieux peut vous valoir, au minimum, de la prison. En même temps, Gery est tellement gentil. Je me demande si l'Américain qui avait volé une affiche de propagande était gentil, lui aussi…

Les gaffes, voilà ce qu'il faut redouter, en Corée du Nord.

Commettre un impair sans le savoir, par ignorance de la culture, par maladresse. Sinon, il y a aussi le mauvais concours de circonstances. L'enchaînement inopportun d'événements *a priori* anodins. Lorsque nous nous sommes rendus au festival de sculptures sur sucre, sur le papier, nous ne risquions pas grand-chose. À part le mauvais goût, je nous pensais à l'abri de tout.

Le festival avait lieu dans une immense salle de Pyongyang transformée en palais du kitch. Des légumes, des fruits, des animaux, des terrains de foot, tout est en sucre. Techniquement, rien à dire. Je suis notamment resté un bon moment en *face to face* avec un caniche blanc, dont chacun des poils était un filament de sucre.

On aurait juré qu'il allait se mettre à jacter, à pisser ou à mordre. Mais non. Juste du sucre.

Comme dans tout festival, les exposants, en majorité des familles, sont plantés derrière leur stand, debout, les mains dans le dos, attendant que l'on s'extasie devant leurs productions tout en jouant la modestie, « oh ça, c'est rien, j'en fais un tous les matins ».

Le clou du festival, pour nous autres Occidentaux, a été un camion.

Militaire, le camion. Et surmonté d'une ogive nucléaire prête à être envoyée. Une magnifique étoile rouge, sur le flanc du véhicule qui devait mesurer presque un mètre de long pour trente centimètres de hauteur. On s'attarde devant, et puis on s'ennuie, Clémentine et moi en tout cas. Une foule immense s'amasse dans cette salle et nous réalisons que, pour la première fois, nous n'avons pas de guide sur le râble. Impossible de tous nous surveiller au milieu de tant de monde.

Clémentine fumerait bien une clope.

A-t-on le droit de sortir ? D'un commun accord, nous décidons que nous avons là une occasion en or de tester la surveillance des guides. Nous sortons de la grande salle pour rejoindre le hall d'entrée, sans que rien ne se passe. Nous traversons le hall et sortons à l'air libre avec le sentiment de nous évader, de transgresser un ordre. Mode espion, oui, voilà.

Sur le parvis de l'immeuble, Song est tranquillement en train de griller une 7.2.7, les cigarettes de marque nord-coréenne. Il nous regarde sortir et nous adresse un sourire à la fois franc et énigmatique, du style « Vous deux, vous me la faites pas. »

Gagné.

Ils sont plus forts.

Comme deux ados collés et laissés sous la surveillance du pion le plus sévère du bahut, nous nous asseyons sur les marches. Clémentine fume sa clope. Je laisse courir mon regard. Un type sort de la salle, une quarantaine d'années, il porte un superbe costume sombre, il a une coupe de cheveux à peine plus longue que la moyenne et une démarche que je trouve vachement classe. Il a des airs de Benicio del Toro dans *Usual Suspects*, lorsqu'il est arrêté par les flics en pleine rue.

Je regarde machinalement ses godasses. C'est pas possible… Il a des Crocs violets.

Je les montre à Clémentine, qui se marre, écrase sa clope et se lève. Elle demande à Song si elle peut attendre dans le bus pour bouquiner – alors que nous sommes sur le parking et que le car est devant nous, les portes grandes ouvertes. Ce pays et ses guides nous ont transformés en gamins de douze ans perdus dans une colonie de vacances trop grande. C'est tout juste si on ose aller pisser sans en avoir obtenu l'autorisation. Song sourit à Clémentine : oui bien sûr qu'elle peut.

Alors que je me lève à mon tour pour la suivre, les portes de la salle s'ouvrent en grand. Des éclats de rire, une dizaine de personnes, une excitation anormale.

Je me tourne. Ben et son frère Joe portent une planche de contreplaqué sur laquelle repose l'ogive nucléaire en sucre. Ils l'ont achetée. Le reste du groupe les suit, excité, surexcité même. Des mômes.

La *candy bomb* trouve sa place sur les deux sièges à l'avant. Il est un peu moins de 19 heures, nous avons une soirée prévue dans un bar à bières de la capitale. Très bien, la soirée, rien à dire. Un vrai bar à bières, avec un grand choix de pressions, et Joe qui essaie de nous montrer comment on peut bloquer sa glotte et avaler une bière en une seule gorgée. Je n'essaie pas.

*

Le lendemain, personne ne prête attention à la sculpture, restée sur les sièges, à l'avant du bus. On l'a oubliée. Et nous partons pour une des visites les plus intenses du séjour : la DMZ. La zone démilitarisée, qui porte très mal son nom, puisque c'est certainement la zone du monde où l'on compte le plus de militaires au centimètre carré.

C'est ici, le 38e parallèle.

C'est ici, les regards en chien de faïence.

Une bande de quatre kilomètres sur deux cent cinquante, comme une cicatrice qui fend le pays en deux, d'est en ouest. Pour surveiller l'ensemble, on estime la présence de sept cent mille soldats côté nord, et de quatre cent mille soldats côté sud. Une des rares portions de la planète qui ne subit aucune activité humaine. La guerre froide s'est arrêtée, ou plutôt s'est figée ici. Autant dire que ce n'est pas l'endroit où vous pouvez venir faire le con.

Dès l'entrée de la zone, un militaire monte dans le bus et échange rapidement avec le chauffeur, qui redémarre. Debout à l'avant, il nous regarde, gueule de circonstance, le mec imite trop bien le soldat prêt à tirer sur tout ce qui bouge. Son regard se pose alors sur la *candy bomb*. Nous nous mettons tous, d'un coup, à contempler nos pieds que nous n'avons jamais trouvés aussi intéressants. Song regarde le type, sourit, hausse les épaules. C'est n'importe quoi : c'est vraiment n'importe quoi.

Le car s'arrête sur un parking, devant un magasin de souvenirs, dans lequel nous nous joignons à une bonne centaine de touristes chinois. Ils ont un point commun : ils marchent sur les gens devant eux sans jamais s'excuser et ils ne parlent pas, ils crient. Le touriste chinois est une créature sans yeux et sans oreilles qui avance droit devant elle en ânonnant, en grognant et en crachant par terre.

Alors que je suis en train de demander le prix d'une veste de survêtement aux armes de la Corée du Nord, deux vieilles me poussent, se placent devant moi et me marchent sur les pieds. Song me vient en aide, jouant des épaules et harcelant la vendeuse pour qu'elle me réponde. Je sors vite de cet enfer, avec ma veste à trente-cinq euros.

Dehors, le temps est pourri. Il pleut des cordes. Cela n'empêche pas les militaires qui vont et viennent sur l'esplanade d'arborer des lunettes de soleil de type Matrix. Ils marchent d'un pas décidé vers l'autre bout du parking, s'arrêtent, reviennent. Ils surjouent la *zone sensible*.

Et puis c'est notre tour.

Les grilles s'ouvrent. Nous passons à pied, scrutés par des soldats froids et suspicieux. Le décalage entre leur attitude et le cirque autour est flagrant. Nous sommes une foule de touristes en train d'errer dans le décor de l'industrie du souvenir. Un Disneyland militaire. Un musée, comme tout dans ce pays. La DMZ est dangereuse, je ne m'y trompe pas. Les Coréens du Nord ont creusé des tunnels secrets que ceux du Sud redoutent. Les escarmouches ont été fréquentes, le paroxysme ayant été atteint lorsqu'une touriste sud-coréenne a été tuée dans la région des monts Kumgang, à l'est du pays. C'était en 2008. Dans les années 2000, des accords entre les deux pays ont été signés pour que des touristes du Sud puissent accéder à ces montagnes, sacrées, pour tous les Coréens. Un grand complexe de bungalows, financé par le Sud, a poussé. Des hordes de touristes ont déferlé durant plusieurs années. Et une *joggeuse*, sur la plage, est partie dans le mauvais sens. Un militaire nord-coréen l'a sommée de revenir sur ses pas, la touriste a pris peur et s'est enfuie : le militaire a tiré. Fin des vacances pour tout le monde.

La DMZ est dangereuse. Mais pas là, pas où nous sommes.

C'est un décor de théâtre, une coquille vide. Folklore et presque paillettes.

À cent mètres, c'est la frontière à proprement parler. Sur le toit terrasse d'un bâtiment, dans la *Joint Security Area*. Devant nous, juste là, trois baraques rectangulaires aux toits bleus. La Corée du Sud. Plus loin, le local où a été signé l'armistice, le 27 juillet 1953.

Une grande table, à laquelle on nous invite à nous asseoir. Patrick, l'Allemand, se retrouve à la place du signataire nord-coréen, tandis que Raul, le catalan, joue l'adversaire. Et le discours : ces porcs d'Américains ont capitulé ici, acculés par le génie et la force nord-coréenne. Que dire ? Rien. Acquiescer. Je ne suis pas là pour défendre l'impérialisme américain, mais cette haine, cet ongle incarné dans leur cœur est fatigant.

Ils n'ont que ça à nous montrer. Je le regrette. Comment un pays entier peut-il ne tourner qu'autour de ce cirque militaire et presque désuet ? Haine de l'Amérique, obsession de l'arme nucléaire et d'une réunification qui n'adviendra jamais. Franchement, qu'est-ce que la Corée du Sud pourrait bien foutre de tels cousins ? La dynastie des Kim a transformé ce pays en un furoncle dont on ne saurait que faire en cas d'effondrement du régime.

Je suis venu en Corée du Nord pour rencontrer un peuple, j'ai fait un safari.

## 18

## *English english english…*

La visite de l'Est du pays a été un enchantement. À commencer par le Songdowon children's camp. Une colo, mais attention les gamins. Très loin de pupilles ou de cas sociaux. Ici, l'élite. Les plus méritants. Des élèves qui ont le droit de passer leur été dans un lieu paradisiaque pour minots. Un parc aquatique rien que pour eux. Des dortoirs de six à huit lits, très *cosy*. Une salle de théâtre, un terrain de foot avec piste d'athlétisme. Un aquarium, un vrai. Un tunnel en plexiglas qui traverse un bassin où des requins et des tortues passent et repassent.

Il n'y avait aucun enfant, lors de notre visite.

Pas la saison. J'ai tout de même ressenti le bonheur d'y séjourner. Je me suis vu, à dix ou onze ans, dans le plus beau camp du paradis socialiste, dans le cocon d'un État protecteur et visionnaire. Appelons ça mon moment mystique. J'ai envié les gamins qui passaient leurs étés dans ce lieu. J'ai envié un communisme où les choses rouleraient. Parce que quand même, sur le papier, c'est merveilleux, ces histoires.

Je crois que jusqu'à la fin de mes jours je regretterai que ce *machin* n'ait pas pris. Le communisme. Que tous les enfants du monde ne puissent pas, au moins une fois, être des gamins du camp de Songdowon. La chute de l'URSS, moi, ça m'a meurtri. On le savait déjà, certes, et la fin du régime l'a définitivement acté : le communisme a été un échec sur Terre. Les goulags, tout ça, ce n'était pas exactement le projet de départ. Mais moi, ça me plaisait de savoir que là-bas, à l'autre bout de mon monde, vivaient des personnes qui ne comprenaient pas que l'on puisse frauder dans le tramway. Une petite maison dans la prairie, mais une maison quand même.

À Wonsan, comme pour illustrer cette vague fibre coco, nous avons visité la Kangwon Art Gallery. Plusieurs artistes y exposaient leurs œuvres. Toutes avaient cet air d'affiche soviétique des années 1960. Un peu comme dans le métro, les scènes se ressemblent et se répètent. Des ouvriers motivés, des soldats dévoués, la guerre, encore et toujours. Et des mecs qui regardent au loin des scènes qu'eux seuls peuvent voir.

Quelques peintures représentaient des natures mortes. Mais là, vu le sujet, l'aspect *croûte* sautait aux yeux. C'est pourtant devant l'une de ces réalisations que le duo de blaireaux anglais de l'autre groupe s'est arrêté. Le petit au cigare qui rit fort, le grand aux mâchoires carrées qui racontent plein d'histoires drôles. Monsieur Tocard et Monsieur Connard. Le grand s'était retrouvé à notre table et avait dirigé la conversation, animé le repas, donné la parole aux uns et aux autres. Un qui cadre, un qui coordonne, un qui *manage* : un qui a un logiciel de comité de direction enfoncé dans l'anus.

John – appelons-le John –, s'empare d'une des croûtes avec des fruits dans un saladier. Le niveau zéro de l'art pictural. Si les fruits étaient pourris, encore, je dis pas… La seule chose intéressante dans cette peinture, ce serait le modèle, puisqu'en six jours nous n'avons croisé aucun fruit en vrai. Passons. John prend le machin et d'un coup, comme cela se passe souvent avec ce genre de crétin confiant, on s'attroupe autour de lui. Ceux de son groupe. Le petit qui rit fort et qui a plein de dents, évidemment. Premières loges, celui-là, avec ses yeux qui pétillaient d'admiration devant son nouveau pote, sur le point de révolutionner le marché de l'art contemporain nord-coréen. Quelques filles aussi, une demi-douzaine de dindes en quasi-pâmoison. Dans la foulée, le responsable de la galerie se pointe, suivi de près par la guide de l'autre groupe.

John demande : « *How much ?* » Le galeriste annonce, la guide traduit : soixante-dix dollars. Et, alors que je suis en train de me demander si ce prix est raisonnable pour l'un comme pour l'autre, John serre les mâchoires, opine du menton, baisse les yeux sur la toile et, après une intense réflexion de six secondes, demande : « *Is it his best price ?* »

J'ai honte, d'un coup, d'être ce que je suis.

Honte de participer au même séjour que ce cuistre capable de négocier des fruits sur une croûte. J'ai l'impression très désagréable d'être dans la peau d'un colon. John, en revanche, trouve ce statut normal. La supériorité, c'est son truc. La condescendance, aussi. S'il s'abaisse à considérer ces œuvres, s'il daigne mettre la main au portefeuille, c'est par humanisme. Et l'humanisme, allez quoi, ça se paie non ? Ça vaut bien la récompense d'une petite ristourne ?

J'ai une pensée pour un très vieux pote. Simon avait choisi les gros plans dans *Le Bon, la brute et le truand* comme sujet de maîtrise. Il se serait régalé. John toise le galeriste, le nain Ultra-Bright dévore John des yeux, les filles regardent tout le monde regarder tout le monde et je regarde Clémentine. Elle a les yeux et les oreilles qui saignent.

Le temps se fige.

La moisissure envahit les cadrans des horloges.

Et le galeriste est très, très décevant. Il baisse son prix sans lutter, tombe à soixante-cinq dollars, ce qui convient à John. Oui, le grand seigneur de la négo opine du chef.

Clémentine et moi échangeons un regard et un sourire affligés. Nous pensons la même chose : triste con. Il est comme ces touristes qui visitent la médina de Tunis et qui ne peuvent s'empêcher de négocier le prix d'un cendrier en terre cuite. Ils vous disent : « Attends, ils adorent ça, si tu ne négocies pas, tu leur manques de respect. » Bien sûr. Il est évident que les mecs préfèrent gagner moins que ce qu'ils pourraient gagner, pour la beauté du geste, la beauté de la négociation. Heureusement qu'ils sont là pour nous le rappeler.

## 19

## *On the rocks*

La route entre Wonsan et Kumgang a été longue et éprouvante. Quatre heures pour parcourir un peu moins de cent trente kilomètres. Les Anglo-Saxons, majoritaires dans notre groupe, parlent de *bumpy road*. Je ne connaissais pas la formulation, en revanche je l'ai saisie instantanément. Les routes coréennes sont composées de plaques de béton de quatre ou cinq mètres de long. Chaque jonction de plaques forme soit un creux, soit une bosse, si bien que votre véhicule est secoué en permanence.

On s'y fait.

En fait, non. On ne s'y fait pas trop.

Arrivés à Kumgang, nous avons déposé les valises à l'hôtel, et constaté que les chambres étaient surchauffées au point de pouvoir parler de cuisson par le sol.

En début d'après-midi, lorsque Clémentine a appris que nous partions pour trois heures de randonnée en montagne, son visage s'est figé. Je crois même qu'elle a sorti un déchirant : « Moi je suis parisienne, putain… »

J'étais ravi, pour ma part. D'autant que, nous l'avions tous deux constaté, la végétation, sur la côte ouest, est beaucoup plus luxuriante. En bord de mer, on se serait cru dans les Landes, les rizières en plus. Rien à voir avec le paysage de désolation traversé au début de notre séjour.

Ces trois heures de randonnée ont représenté le point culminant de mon séjour. Le but de la promenade était la chute d'eau de Kuryong, découverte par hasard par des militaires, en 2001. Nous nous sommes vite retrouvés seuls, Clémentine et moi, durant l'ascension et, pour la première fois nous avons pu parler en toute liberté. Dans les chambres, il peut toujours y avoir un micro. Dans le bus et pendant les visites, on repère toujours une oreille de guide qui traîne. Tandis que là.

La fameuse chute fut une déception. Pas très haute, débit faible, elle ne méritait pas le détour. Le coin m'a cependant rappelé le Jura. En un peu plus moche. Grosse faute de goût, en tout cas : les slogans gravés dans la pierre. Même là, nom de Dieu, ils pensent à inscrire leurs salamalecs. Le fanatisme, c'est quand on veut coller la grille de ses valeurs sur le réel, quitte à la tordre, à le casser. Si le réel ne correspond pas à ce que je pense, plutôt que de m'adapter, je modifie le réel. Je grave mes conneries dans la pierre, par exemple…

*

Le retour sur Pyongyang a duré six heures, en bus. Une torture pour le dos, les cervicales, tout. Une idée tordue de Kim Jong-un ? Martyriser les étrangers jusque dans leurs déplacements à travers le pays ?

Le paysage par la vitre, toujours identique.

Dans les campagnes, j'ai vu des militaires par paquets de douze occupés à gratter de l'herbe ou à monter des murets improbables au milieu de nulle part. Leurs uniformes m'ont semblé aussi résistants que du papier crépon. C'est peut-être pour ça qu'on nous interdit de les photographier. Et parce qu'ils ont honte des tâches confiées à leurs soldats. Dans les villes, certains désherbaient des terre-pleins tandis que des groupes, visiblement des civils, balayaient des parkings ou des routes. À dix pour une tâche qui ne nécessiterait que deux gars motivés, ils se regardent faire, ils attendent que l'autre commence, bref : on dirait du travail d'intérêt général.

Pour le reste de l'activité économique, rien de visible ni de tangible.

Pas de DDE, pas d'espace vert, aucun corps d'État. Le plus étonnant est la façon dont les habitants repeignent eux-mêmes leur immeuble, depuis leurs fenêtres, à l'aide de rouleaux fixés à des perches. Le résultat est assez minable : la couleur n'est pas homogène et donne l'impression d'un assemblage de tâches.

Des bouts de ficelle, un bricolage permanent.

Arrivés à Pyongyang, nous étions vannés. Retrouver le Yanggakdo Hotel nous est apparu comme un retour au bercail absolument délicieux. Pyongyang. Cette ville aux rues quasiment vides. Ce décor de théâtre : chez nous.

Le soir, nous avons rejoint Ben, seul au bar de l'hôtel. Mon niveau d'anglais s'étant considérablement amélioré après huit ou neuf jours avec des anglophones, je propose de commander. Clémentine me dira plus tard que j'y suis allé avec une assurance qui était belle à voir. Roi du pétrole, tout ça.

Le barman avait une cinquantaine d'années, des yeux rieurs, un sourire sincère et permanent. Ce n'était pas la première fois qu'il nous servait et je l'avais trouvé accueillant, aimable, bref : un bon barman. C'est donc avec enthousiasme que j'ai passé ma commande : « *I would like a gin tonic and a whisky without* glace. »

Le barman a eu un sourire un peu con. J'ai vu dans ses yeux que quelque chose n'allait pas. Il était employé d'hôtel nord-coréen, moi un touriste étranger, ce qui l'empêchait de me dire ce qu'il pensait, à savoir : « Tu dis de la merde là, mec. »

J'ai répété. « *A gin tonic and a whisky without* glace. »

Sourire encore plus con. J'allais répéter lorsque j'ai – enfin – percuté. Glace, ça se dit *ice*. Je venais donc de demander, très sérieusement, un whisky sans verre.

## 20

## Gel 2000

Je me regarde une dernière fois dans le miroir : pantalon gris, cravate noire sur chemise noire, chaussures de ville noires. La tenue exigée pour la visite du jour. Parfait. Je passerais à l'aise dans n'importe quel enterrement en France. C'est d'ailleurs à peu près ce que je m'apprête à faire, assister à un interminable enterrement : nous allons visiter le palais du Soleil Kumsusan, où reposent les dépouilles de Kim Il-sung et de Kim Jong-il. C'est le plus beau bâtiment et, surtout, le mieux entretenu du pays.

La cérémonie des funérailles de Kim Il-sung est comme son statut de Président : éternelle. Ils lui disent adieu depuis 1994. Pareil pour Kim Jong-il, qu'ils pleurent depuis sa mort en 2011. C'est ce qui rend selon moi ce régime détestable : il préfère ses morts illustres à sa jeunesse, le passé au présent, le cérémonial à l'avenir de son peuple. Le pays connaît des problèmes d'alimentation en électricité, comme en témoignent les nombreuses et récurrentes coupures de courant, mais les statues de Kim Il-sung et de Kim Jong-il sont éclairées, chaque nuit. Une telle débauche d'énergie pour illuminer leurs deux faces, trop bienveillantes pour ne pas être suspectes, me révolte ; surtout quand on est incapable de chauffer les écoles. Nous avons visité deux établissements scolaires et une bibliothèque, à chaque fois on s'est gelé. Et toutes les nuits, partout, on chauffe à coups de projecteurs les mosaïques de ces deux sangsues. Notre séjour touche à sa fin, et c'est l'image que j'ai des Kim : des sangsues intellectuelles qui ont sucé tout ce que leurs sujets avaient en eux.

Je me dois au passage de reconnaître le génie de Kim Jong-il qui a mis en place le culte de son père plutôt que le sien, tout en légitimant sa position. En choisissant de ne pas se mettre en valeur, il envoie un message d'humilité et donc de grandeur d'âme, d'altruisme, de gratuité de son engagement éternel.

Pas de mosaïque du poupon dans les rues de Pyongyang. Sa ressemblance physique avec Kim Il-sung suffit, de toute façon, à le sacraliser, relayant Kim Jong-il au rang de trait d'union physique entre le grand-père et le petit-fils. Le pays entier tourne en boucle, aussi sûrement que des électrons tournent autour de leur noyau et aussi sûrement que les millions de dollars tournent autour du bureau 39.

Le palais du Soleil est l'ancien palais royal… euh, pardon : présidentiel.

Lorsque nous arrivons en bus, avec des dizaines d'autres bus, nous sommes impressionnés par la tenue des lieux. Les espaces verts autour du palais sont impeccables, il n'y a pas une mauvaise herbe qui dépasse, je pense que même les insectes ont été endoctrinés et se tiennent à carreau. Des jeunes filles, qui font certainement la fierté de leur famille, passent leurs journées à balayer les allées ou à arracher les fleurs fanées. Et si les *bumpy road*, partout dans le pays, sont une torture pour les suspensions et le dos, ici, le revêtement des allées est parfait.

Lorsque j'étais étudiant en philo, plusieurs lectures, dont *Le Sacré et le profane* de Mircea Eliade, ont forgé une conviction en moi : l'homme est une bête à foi. L'homme a la foi, quelle qu'elle soit, et si ce n'est pas en un ou plusieurs dieux, c'est en autre chose. Ainsi un supporter de l'Olympique de Marseille n'a pas moins la foi que le plus assidu des témoins de Jéhovah. L'objet de la foi diffère, mais pas l'élan, pas l'envol de l'âme.

Les religions sont totalement proscrites en Corée du Nord, mais pas la foi.

La foi, ce dépassement de soi pour plus haut, pour plus important, qui ne sert qu'à une chose : accepter sa propre mort. Les religions existeraient-elles, d'ailleurs, sans la mort ? La foi, une diversion pour nous détourner de notre minable statut de mortel. Les Kim profitent des mécanismes d'une foi laïque dont ils sont l'objet. Ils sont leur propre OM.

Les téléphones et appareils photo doivent être laissés à l'entrée du mausolée. Les blousons, aussi. Un vestiaire, comme en boîte de nuit, mais la comparaison s'arrête là. Les visiteurs sont ici tellement cadrés que la seule chose autorisée est de respirer. Marcher, par exemple, n'est pas accepté. Les gardiens du mausolée vous forcent à emprunter un tapis roulant, comme ceux des grandes stations de métro. Le but n'est pas de nous faire aller plus vite, au contraire. Les guides sont placés à l'avant et empêchent la colonne que nous formons, en rang par deux, d'avancer sur le tapis. Nous nous laissons porter. Trèèèèèèèès lentement. Pourquoi ? Pour la vue. Sur les côtés, des centaines de photographies sont encadrées. D'un côté Kim Il-sung, de l'autre Kim Jong-il. Le sourire bienveillant, toujours. Mièvre. Insupportable. À claquer.

Kim Jong-il demeure inévitablement l'index pointé. Sur toutes les photos ou presque, il montre quelque chose à quelqu'un. Genre, le mec qui a toujours un coup d'avance, qui voit plus loin, qui est déjà demain. J'aimerais tellement observer le contrechamp de ces poses.

Le trajet est interminable.

Monter les escalators, descendre les escalators, ne plus savoir à quel niveau on se situe, dans un genre de très efficace jeu de colin-maillard les yeux ouverts.

Après un bon quart d'heure, un ascenseur nous emmène à l'étage d'Il-sung. Un grand hall, puis un sas dans lequel nous devons passer un à un. La soufflerie là-dedans, elle te fout le brushing en l'air ou la cravate dans la tronche. Ça donne l'impression d'embarquer dans une navette spatiale, ce qui n'est d'ailleurs pas éloigné de la réalité : nous embarquons dans la Kim navette !

La salle de Kim Il-sung, enfin. Nous sommes en rang par quatre. Silence de mort.

Il fait aussi froid que dans un funérarium ou un magasin Gel 2000. Il est là, dans son cercueil en verre. Aucun intérêt. C'est ici l'épicentre de leur culte et c'est ce qui me laisse le plus indifférent. Je m'exécute. Nos guides nous ont expliqué en chuchotant la méthode à suivre. Lorsque c'est notre tour, nous nous prosternons à quatre devant les pieds du défunt, après quoi nous avançons sur sa gauche, pour répéter l'hommage. Nous passons ensuite derrière le corps, sans saluer, surtout pas, et venons nous placer sur son flanc droit pour le saluer à nouveau.

J'ai le temps de me dire que, tout Kim Il-sung qu'il est, il est un allongé mort et moi je suis un vivant qui marche.

Le sens de circulation est évident, il me paraît impossible d'y déroger. Les gardiens sont nombreux, gueules de circonstance, avec le poids des Kim sur les épaules. Ils ont un petit air de gars des pompes funèbres, cette capacité à orienter une foule dans la bonne direction avec un simple geste de la main. Pas besoin d'en faire des caisses.

Nous empruntons un couloir qui se déverse cette fois dans une immense salle où sont exposés les médailles et diplômes obtenus par le Président Éternel au cours de sa carrière politique. Des vitrines, interminables, avec pour seul intérêt les différents *designs* des offrandes, en fonction des pays et des époques. Et tous, nous avons ce même réflexe de chercher les médailles venant de notre propre pays.

Sur une grande carte du monde, enfin, des points lumineux indiquent les endroits où il s'est rendu. Il a parcouru toute la Corée du Nord, à l'évidence. L'URSS, quelques pays satellites dans les Balkans, comme la Roumanie, et c'est tout. Je ne suis même pas sûr qu'il se soit rendu à Cuba. En cinquante ans de règne, celui qui a prétendu guider son peuple dans le monde n'en a en réalité rien vu.

À un autre étage, nous avons refait le même circuit, pour le petit. Kim Jong-il.

Qui n'a pas plus voyagé. Concours de médailles en chocolat, là encore. Et, enfin, le clou du spectacle, les véhicules. Nous sommes devant une espèce de frégate ayant appartenu à Kim Jong-il. Un genre de yacht militaire, posé sur une fausse mer en béton.

Plus loin, ce sont les voitures. Des Mercedes, chacun la sienne, Il-sung et Jong-il.

Tout le monde crevait la dalle et eux se pavanaient en limousine allemande. Je ne comprends toujours pas comment les Nord-Coréens n'ont jamais relevé l'écart entre leur vie et celle des dirigeants, pourquoi ils ne se sont pas insurgés, révoltés, pourquoi ils n'ont pas coupé la tête des sangsues. On m'objectera que je ne comprends pas leur culture, ce que je ne conteste pas. Ils ont si fortement lié leur destin à celui du pays, que servir les Kim c'est servir la Corée. L'enrichir, aussi…

La visite s'achève sur les wagons personnels des deux dictateurs.

Ils ont eu chacun leur train blindé, comme papa Hitler. Kim Jong-un a lui aussi le sien. Impensable de prendre l'avion. Paranoïa ? Bon sens ? Toujours est-il qu'aucun des trois n'a jamais pris le risque de se trimballer en l'air, véritable cible volante pour les missiles ennemis. Le train, donc. Dans celui de Kim Jong-il, un ordinateur portable est resté sur son bureau. La propagande est claire : il a travaillé jusqu'au bout pour la Corée, jusqu'à la mort, comme en témoigne ce portable encore ouvert.

Détail hallucinant de l'histoire : c'est un MacBook.

# 21

## *Happy birthday to you Mister President*

La meilleure journée, après celle du marathon, fut la dernière. Parfois la vie est bien foutue. Le temps était magnifique, pour ce 15 avril, jour national en Corée du Nord. On fête la naissance de Kim Il-sung, survenue le 15 avril 1912. J'aurais envie de dire qu'il aurait 106 ans, s'il était vivant, mais le Président Éternel n'a pas besoin d'être vivant. Même mort, il a 106 ans. Ce pays est magique.

Cette journée est l'équivalent, pour nous, de Noël, du Nouvel An et du 14 juillet réunis.

Absolument tout ce qui est vivant dans Pyongyang a revêtu ses plus beaux habits et est de sortie. Des foules, parfaitement alignées en rang par quatre, viennent déposer des fleurs et se prosterner devant les nombreuses mosaïques de la ville qui représentent Il-sung et Jong-il. Les fleuristes doivent être comme des dingues.

Nous n'y coupons pas. Après dix jours en Corée du Nord, nous maîtrisons parfaitement l'exercice.

En rangs par quatre, on s'avance, on salue, synchronisation impeccable, mine contrite, mains plaquées le long des cuisses.

Dans les rues, la fête est entière, les gens sont souriants, heureux. Des jeunes disputent des matchs de volley en plein air, pour des foules de spectateurs connaisseurs et disciplinés. Les femmes portent toutes des robes traditionnelles, qui ont la particularité d'être très colorées, si bien que tout Pyongyang resplendit, éclôt, explose. On en oublierait presque la chape de plomb de Kim Il-sung, qui pèse sur et dans les têtes.

Grosse bonne nouvelle : il est prévu que nous piqueniquions dans le parc Moran.

C'est inespéré. Allons-nous enfin nous mêler à des Coréens ? Des vrais, et pas des guides ? Il semblerait que oui. Nous traversons le parc, en tout cas, échangeons des regards et des sourires avec la foule. Les familles sont assises dans l'herbe, on boit, on mange, on danse. C'est la détente absolue, on se croirait aux Buttes-Chaumont. On nous regarde et on nous sourit. Voilà notre récompense ! Nous allons nous asseoir ici et partager un vrai moment avec des Coréens. Connaissant Ben et Joe, les frères néo-zélandais, il est évident qu'ils vont alpaguer nos voisins, parler, déconner, danser et chanter. Ça va être génial.

Nous traversons tout le parc.

Les gamins nous regardent en se marrant. Les femmes et leurs robes aux couleurs criardes égayent la journée.

Et puis la chute. Insupportable. Notre guide nous emmène dans une pauvre allée isolée à côté des chiottes. Nous, on va manger là. Bien à l'écart. On s'assied par terre avec un plateau-repas de compagnie aérienne à peine amélioré, et notre bière pour deux, encore et toujours.

Sur ce coup, le régime m'a définitivement perdu.

Les guides passent leur temps à imposer le respect. Nous devons nous prosterner devant des statues, nous devons écouter leurs conneries sur le génie en carton de leurs dictateurs, et au moment où nous pourrions enfin partager un peu de la vraie vie, de la détente des Pyongyangais, on nous cache dans un coin. Comme dans le métro. On nous a baladés, dans tous les sens du terme.

Tout ce que j'ai envie de leur dire, c'est que le respect ne s'impose pas, il se gagne.

Eh ben là, ils nous l'imposent.

Après le déjeuner, nous avons eu droit au cirque.

La salle, immense, ressemblait à une salle de concert, ou un palais des sports. Nous étions environ trois mille spectateurs. Je ne suis pas spécialiste en art circassien, mais je sais que les Asiatiques sont très forts, les Chinois, notamment. Qu'en est-il des Nord-Coréens ? Nous allons vite le savoir.

Premier numéro, un couple en patins à roulettes tourne sur lui-même à une vitesse hallucinante en se tenant par les mains. Comment font-ils pour ne pas avoir la tête à l'envers ? Comment font-ils pour aller aussi vite ? Mystère. Ils assurent, en tout cas. Le type prend la fille par une seule main, et elle décolle, elle vole, parallèle au sol. Ils ralentissent, pour que Madame puisse reposer ses roulettes par terre, et ils recommencent de plus belle : cette fois, il la tient par les pieds.

Tout le Pyongyang qui compte est là.

C'est le jour le plus important de l'année pour le duo. Et je dois dire qu'ils s'en sortent magnifiquement. C'est presque terminé, ils ralentissent, ils tournent maintenant au ralenti, ils vont s'arrêter… mais l'impensable se produit. Il la lâche.

Les deux corps sont éjectés, chacun de leur côté.

Ils tombent sur le cul. Ils se relèvent d'un bond, le show était fini de toute façon. Leur numéro était presque parfait. J'ai toujours eu un problème avec les chutes. Je ne peux m'empêcher de rire. Et là, avec la fatigue, la frustration du pique-nique niqué, j'éclate littéralement de rire.

Le plus drôle, c'est le comportement du garçon, qui s'est relevé d'un coup et s'est mis en position de mec qui salue, comme si rien ne s'était passé. Une chute, moi ? Non. Ben si mec, t'es tombé, tout le monde t'a vu, tu as le coccyx cassé en deux… Ce qui m'a aussi beaucoup amusé, à mon corps défendant, c'est que nous étions Clémentine et moi les deux seuls à nous marrer dans le public. Et ce que j'avais redouté pour le mausolée s'est produit au cirque : un fou rire incontrôlable.

Une heure, le fou rire.

Après le cirque, on nous a autorisés à faire un tour de tramway. Encore pire que le métro, encore plus infantilisant. On nous a emmenés à un terminus, et chargés dans une rame vide, mise en fonction uniquement pour nous. Le tramway est parti, nous avons traversé un bout de ville, comme dans un train fantôme à la foire.

Et voilà.

Terminé.

Fin du séjour.

Dans le bus qui nous ramène à l'hôtel pour notre dernière nuit, Yo-jong prend le micro et propose que nous chantions, ensemble, une chanson que tout le monde connaît. Beau challenge. Je rappelle les nationalités : un Allemand, deux Belges, deux Français, deux Danois, deux Australiens, deux Néo-Zélandais, six Catalans et un Irlandais. Sans oublier les guides nord-coréens.

Je cherche quel pourrait être notre patrimoine chanté commun. Les Beatles ? Édith Piaf ? L'Internationale ?

Non.

C'est Yo-jong qui lance la chanson, habituée à le faire.

*Happy birthday to you…*

Une même chanson, en sept langues différentes, mais avec un point commun : on chante tous faux. J'aurai au moins appris une chose, c'est que cette chanson est notre pierre de Rosette à tous.

Accessoirement, Yo-jong nous a gentiment incités à souhaiter un bon anniversaire à Kim Il-sung, le jour de ses 106 ans. *Well done*.

## 22

## Imodium *style*

Un peu avant 23 heures, j'étais couché, Clémentine dans son lit, à côté du mien.

Nos valises prêtes et bouclées.

Je suis un peu barbouillé, épuisé, mais content de mon séjour. Une légère crainte pour demain. Va-t-on vérifier les photos que nous avons prises et nous pourrir pour les militaires qui se sont retrouvés dans le champ ? Si les choses doivent mal se passer, c'est demain. Je n'arrive pas à m'enlever de la tête que le séjour a été trop plan-plan, trop facile. Je me suis senti à peu près autant en danger que si j'avais passé un week-end à Barcelone.

La peur, donc. Je suis dans une dictature, bordel ! Il faut un moment où des bottes claquent dans le couloir de l'hôtel, où on nous arrache au sommeil, nous explique qu'on sera beaucoup mieux dans un des sous-sols du quartier interdit pour discuter... Ça ne peut pas être aussi tranquille.

Au fond, le plus dur pendant ce voyage, le plus pesant, ce ne sont pas les contraintes liées au régime et au folklore. Non. C'est le voyage organisé.

Très peu pour moi.

C'était la dernière fois. Ou très vieux, peut-être, avec ma femme. Quand les filles seront mamans et que, retraités pas plus malins que les autres, nous enchaînerons les croisières en Méditerranée. Là d'accord. Mais pas de mon vivant.

Alors que je me sens sombrer, je dresse un bilan de ce séjour. Les Coréens croient-ils à la propagande qu'ils entendent à longueur de journée depuis leur tendre enfance ? Certains pensent-ils que deux et deux font cinq, comme dans *1984* d'Orwell ? J'aurais tendance à dire que oui. Car contrairement aux Russes ou aux Roumains, qui ont fini par mettre à terre le régime, il n'y a, semble-t-il, pas la moindre forme de résistance ou de révolte en Corée du Nord. Le KGB, la Stasi ou la Securitate n'étaient pas moins intransigeantes et efficaces que les services coréens, et pourtant ils ont fini par *échouer*.

Sans aller jusqu'à la révolution, l'autodérision semble totalement absente en Corée. Ce que Micha a dit du militaire qui nous avait mis une brasse, personne ici ne le dirait. Ce qui est mort ici, c'est l'humour. Contrairement aux Soviétiques, dont l'une des blagues me faisait particulièrement rire : « Nous, on fait semblant de travailler, et eux font semblant de nous payer. »

Y croient-ils ? Que la répression soit trop forte pour permettre une quelconque révolte ne me paraît pas suffisant. Et dire qu'ils n'ont jamais connu autre chose, encore moins. Quand vos proches disparaissent ou prennent une balle dans la nuque en public, vous savez parfaitement que c'est anormal, nul besoin d'avoir connu la liberté ou la démocratie. Lorsque j'ai posé la question à Abel, l'ingénieur agronome, sa réponse a été très claire : « J'ai passé un an là-bas et je suis incapable d'y répondre. »

Qu'est-ce que l'héroïsme ? Une capacité, une tournure de l'âme, ou des circonstances ? Définitivement, je ne juge pas le peuple de Corée du Nord. Les rares échanges que j'ai eus avec eux étaient chaleureux. Nos guides étaient drôles, sympathiques. Humains, cela s'entend : ils avaient le même logiciel que nous. C'est juste que leur mise à jour est un peu spéciale.

Les Kim ?

Si l'on se réfère à l'idée fixe de ce pays, l'*autonomie*, ils font tout pour y parvenir. Kim Jong-un est parfait pour ça, et résolument plus moderne et/ou efficace que son daron. Rejoindront-ils les poubelles de l'histoire ? Sont-ils des ordures ? De mon point de vue, oui.

Kim Jong-un risque-t-il de se faire renverser et fusiller ?

Je n'en sais évidemment rien. Ce que je sais, c'est que, quelques mois seulement avant la chute de Ceausescu, tout le monde pensait que les choses ne changeraient jamais en Roumanie…

Je me suis endormi, heureux.

Je me suis réveillé, à minuit, pour une ultime épreuve. La Corée du Nord me jouait son dernier tour. J'ai juste eu le temps de courir aux toilettes. Seule satisfaction : j'ai constaté au passage que Clémentine dormait à poings fermés. Heureusement.

Le ventre comme un alambic percé, je compte les feuilles de papier cul. Une seule certitude : j'en ai pour un moment.

J'ai passé la moitié de la nuit assis sur les toilettes, l'autre moitié couché en position fœtale sans pouvoir fermer ni l'œil ni autre chose. Un cauchemar. Je suis arrivé au petit matin au bout du rouleau – c'est le cas de le dire. Intact. Ou presque.

Je n'avais jamais lu avec autant d'attention une notice de boîtes de médicaments.

Imodium®. Six comprimés maximum dans la journée. J'ai dû en bouffer trente.

*

L'aéroport de Pyongyang est très moderne et absolument vide.

Deux lignes, sur l'écran des départs, une seule destination : Pékin.

Je suis tellement concentré sur mes troubles gastriques que je me fous du passage aux douanes. Qu'ils ne viennent pas m'emmerder à propos de mes photos. Qu'ils ne me saoulent pas parce que le *Pyongyang Times* est plié en deux dans mon sac à dos. Laissez-moi partir, qu'on en finisse. Je vais passer les quinze prochaines heures avec un seul objectif : trouver des toilettes. Je me demande d'ailleurs si je ne préférerais pas aller dans un camp de travail.

L'Imodium®, couplé au Smecta®, accomplit son œuvre.

Le douanier.

C'est mon tour. Le type prend mon passeport et, au moment de me le rendre, me lance un grand sourire. Un sourire qui me paraît vraiment sincère. Il plante son regard dans le mien et, dans un anglais parfait, me demande : « Alors, vous avez visité quoi ? » Penaud, j'énumère les lieux. Il sourit toujours et ajoute, curieux, presque espiègle : « Et vous avez préféré quoi ? »

Une sacrée bonne question.

Pris au dépourvu, je sors sans trop réfléchir : « *People* ».

Ce pays est ce qu'il est, mais il a un côté *friendly* déroutant. Le douanier, qui semble lire dans mes pensées, me demande : « Vous reviendrez nous voir ? » C'est le type le plus avenant parmi ceux que j'ai rencontrés jusqu'ici. Je souris. Je m'éloigne.

À peine deux heures plus tard, notre avion se pose à Pékin. Nous avons douze heures d'attente. Est-ce envisageable de rester tout ce temps à Pékin et de n'en rien voir ?

Oui.

C'est très possible.

Clémentine me demande comment je le sens et ma réponse est claire : « Je le sens comme un mec qui ne doit pas s'éloigner de plus de cinq mètres d'un chiotte. » Au lieu de passer devant la Cité interdite ou de parcourir la place Tian'anmen, nous avons trouvé une banquette arrondie où j'ai pu m'asseoir, les coudes sur les genoux, le visage dans les mains. Les toilettes de l'aéroport sont à bonne distance. Clémentine s'est absentée à une ou deux reprises pour aller fumer, mais jamais longtemps.

Lorsque nous sommes montés dans l'avion, j'étais vide.

J'ai dû perdre deux kilos.

L'avion décolle.

Nous rentrons.

Nous volons depuis deux ou trois heures. Je n'ai pas pris le plateau-repas. Je n'ai ni ouvert un livre ni lancé un film. Je suis resté concentré sur mes entrailles. Clémentine, à mes côtés, casque de walkman des années 1980 sur les oreilles, regarde un film. Je la regarde. Nom de Dieu ce que j'ai de la chance d'avoir une telle amie. Je ne lui dirai pas, parce que je suis un mec, j'ai ma fierté, tout ça.

En URSS, les mecs ne comprennent pas que l'on puisse frauder le tramway.

En Roumanie, Ikea fait plus de chiffre avec son restaurant qu'avec ses meubles.

En France, Hugo Lloris est champion du monde de foot.

Et moi je suis là, à côté d'une fille extraordinaire pour qui je serais capable de transporter un cadavre sans poser de question. Nous survolons Oulan-Bator, et la vie est belle. Clémentine sent que je la regarde, elle tourne la tête vers moi, elle sourit et…

Elle sursaute, son cou se tend, sa tête se fige, ses yeux exorbités se fixent sur moi. On dirait un rongeur, dans un champ, qui a entendu les bruissements d'un serpent dans l'herbe. Quoi ? Ça ne va pas ? Clémentine ?

Elle jette un regard affolé vers la porte des toilettes, à l'arrière de l'avion.

Elle me bourre un grand coup dans les côtes :

« Pousse-toi ! »

## Table des matières

DU MÊME AUTEUR

Bad trip
*Hugo et Cie, 2008*

Mauvais coûts
*La Fosse aux ours, 2016*
*Prix de la page 111*

Demain c'est loin
*Le Seuil, 2017*
*Prix Transfuge 2017 du meilleur espoir polar ;*
*Prix du roman noir du Festival international du film policier de Beaune ; Prix Amila-Meckert 2018*

Pension complète
*Le Seuil, 2018*

Achevé d'imprimer par Ermes Graphics
à Turin (Italie) en septembre 2019
Dépôt légal : octobre 2019
ISBN : 978-2-37502-080-7